MARCO POLO

MEXIKO

Reisen mit **Insider Tipps**

Die Bauwerke der Maya sind das Schönste, was ich bisher gesehen habe. Und die Paläste, Klöster und Kirchen aus der Zeit der spanischen Kolonialmacht gehören ebenfalls zum großen Teil zum Unesco-Welterbe.

MARCO POLO Autor
Manfred Wöbcke

(siehe S. 174)

Das passt:
Der MARCO POLO Sprachführer Spanisch

Weitere MARCO POLO Titel:
Yucatán, Costa Rica, USA Südwest, Kalifornien

Spezielle News, Lesermeinungen und Angebote zu Mexiko:
www.marcopolo.de/mexiko

MEXIKO

> SYMBOLE

Insider Tipp **MARCO POLO INSIDER-TIPPS**
Von unserem Autor für Sie entdeckt

★ **MARCO POLO HIGHLIGHTS**
Alles, was Sie in Mexiko kennen sollten

SCHÖNE AUSSICHT

WLAN-HOTSPOT

HIER TRIFFT SICH DIE SZENE

> PREISKATEGORIEN

HOTELS

€€€ über 100 Euro
€€ 45–100 Euro
€ unter 45 Euro

Die Preise gelten für ein Doppelzimmer ohne Frühstück pro Nacht

RESTAURANTS

€€€ über 15 Euro
€€ 8–15 Euro
€ unter 8 Euro

Die Preise beziehen sich auf ein Menü ohne Getränke

> KARTEN

[156 A1] Seitenzahlen und Koordinaten für den Reiseatlas Mexiko

[U A1] Koordinaten für die Karte Mexiko-Stadt im hinteren Umschlag

[0] außerhalb des Kartenausschnitts

Zu Ihrer Orientierung sind auch die Orte mit Koordinaten versehen, die nicht im Reiseatlas eingetragen sind

DIE BESTEN MARCO POLO INSIDER-TIPPS .... UMSCHLAG
DIE BESTEN MARCO POLO HIGHLIGHTS 4

AUFTAKT 6

SZENE 14

STICHWORTE 18
EVENTS, FESTE & MEHR 24
ESSEN & TRINKEN 26
EINKAUFEN 30

ZENTRALES HOCHLAND 32
DIE WESTKÜSTE 64
DER NORDEN 80
DER SÜDEN 92
GOLF VON MEXIKO 108
YUCATÁN 114

ENTDECKEN SIE MEXIKO!

Unsere Top 15 führen Sie an die traumhaftesten Orte und zu den spannendsten Sehenswürdigkeiten

Die Highlights sind in der Karte auf dem hinteren Umschlag eingetragen

1 Guanajuato
Die einstige Silberstadt ist heute ein Gesamtkunstwerk aus kolonialer Pracht und mexikanischer Lebensart (Seite 37)

2 Museo Nacional de Antropología
Besser kann man die präkolumbischen Kulturen nicht darstellen: ein Haus unschätzbarer Schätze (Seite 43)

3 Teotihuacán
Grandios und mystisch: Den Wohnort der Götter muss man erlaufen, erklimmen und erleben (Seite 48)

4 Taxco
Die alte Silberstadt bezaubert ihre Besucher mit Schmuck, engen Gässchen und schönen Häusern (Seite 62)

5 Felsenspringer
Ein echter Hingucker: der perfekte Kopfsprung in die Fluten des Pazifiks, präsentiert von den sportlichen *clavadistas*, die sich 42 m in die Tiefe stürzen (Seite 66)

6 Puerto Vallarta
Ein (ehemaliges) typisch mexikanisches Fischerdorf, umgeben von feinsandigen Stränden, ist der Ausgangspunkt für einen Dschungelritt (Seite 77)

7 Barranca del Cobre
Eine Fahrt mit der Eisenbahn durch die Kupferschlucht raubt gleich mehrmals den Atem und stellt den amerikanischen Grand Canyon in den Schatten. In 15 Stunden ziehen alle Klimazonen Mexikos vorbei (Seite 81)

INHALT

> SZENE

S. 14–17: Trends, Entdeckungen, Hotspots! Was wann wo in Mexiko los ist, verrät die MARCO POLO Szeneautorin vor Ort

> 24 STUNDEN

S. 134/135: Action pur und einmalige Erlebnisse in 24 Stunden! MARCO POLO hat für Sie einen außergewöhnlichen Tag in Mexiko-Stadt zusammengestellt

> LOW BUDGET

Viel erleben für wenig Geld! Wo Sie zu kleinen Preisen etwas Besonderes genießen und tolle Schnäppchen machen können:

Freier Eintritt zu Mexikos berühmtesten Wandmalereien S. 40 | Ein Zimmer am Pazifik ab 15 Dollar S. 69 | Ausstellungen und Events (fast) zum Nulltarif S. 88 | Günstig speisen und dabei Spanisch üben S. 96 | Tägliches Gratiskonzert S. 113 | Stadtführung für umsonst S. 118

> GUT ZU WISSEN

Was war wann? S. 10 | Zócalo S. 12 | Spezialitäten S. 28 | Blogs & Podcasts S. 49 | Bücher & Filme S. 71 | Maquiladoras S. 91 | Blutiger Drogenkrieg S. 104 | www.marcopolo.de S. 144 | Währungsrechner S. 145 | Was kostet wie viel? S. 145 | Wetter in Mexiko-Stadt S. 147 | Aussprache S. 150

AUF DEM TITEL

Puerto Escondido: Hot-Spot am Pazifik S. 72
Die Clavadistas von Acapulco S. 66

AUSFLÜGE & TOUREN 128
24 STUNDEN IN MEXIKO-STADT 134
SPORT & AKTIVITÄTEN 136
MIT KINDERN UNTERWEGS 140

PRAKTISCHE HINWEISE 144
SPRACHFÜHRER SPANISCH 150

REISEATLAS MEXIKO 154
KARTENLEGENDE REISEATLAS 170

REGISTER 172
IMPRESSUM 173
UNSER AUTOR 174

BLOSS NICHT! 176

> DIE BESTEN MARCO POLO HIGHLIGHTS

8 Monte Albán
Den „weißen Berg" bei Oaxaca krönen eindrucksvolle Pyramiden und Tempel (Seite 98)

9 Tempel der Inschriften
Eine perfekte Hieroglyphenwand, ein königliches Grab und ein Traumblick über Palenque (Seite 100)

10 Wasserfälle von Agua Azul
Die blau schillernden Kaskaden von Agua Azul verführen zu einer Klettertour durch den Dschungel (Seite 103)

11 San Juan Chamula
Ein indianisches Dorf heute – religiöse Tradition begegnet der Gegenwart (Seite 107)

12 Parque Museo La Venta
Wie alles begann: ein Park mit 2000 Jahre alten Skulpturen und Denkmälern, wundervoll arrangiert (Seite 113)

13 Chichén Itzá
Baukunst der Maya und Tolteken: ein einmaliges Ruinenfeld wurde perfekt restauriert (Seite 124)

14 Uxmal
Wie von Zauberhand geschaffen: Die Pyramide ist ein Höhepunkt der Mayaarchitektur (Seite 126)

15 Die Transpeninsular in Baja California
Die legendäre Wüstenstraße führt durch Kakteenhaine, Missionsstädtchen und Oasen (Seite 130)

Pyramide El Castillo in Tulum an der Karibikküste Yucatáns

AUFTAKT

Glitzernde Meeresbuchten und endlos breite Sandstrände, Haciendas und stuckverzierte Paläste, siebenstöckige Pyramiden, mitreißende Folklore und reiches Kulturerbe: Nicht ohne Grund ist Mexiko eines der beliebtesten Fernreiseziele. Ein Land, das verzaubert und nicht mehr loslässt, farbenprächtig wie ein Frida-Kahlo-Gemälde, voller Leben in der Dramatik seiner Naturschönheiten und Baudenkmäler, mit einer Bevölkerung zwischen Tradition und drittem Jahrtausend. Eine Reise nach Mexiko macht vertraut mit der Vergangenheit indianischer Hochkulturen und kolonialer Lebensweise und führt hinein ins Herz einer faszinierenden Gegenwart.

> Neben faszinierenden, weltberühmten Strandorten wie Acapulco und Cancún gibt es in einem Land, das so riesengroß ist wie Mexiko, noch unzählige kleine und verschwiegene Badebuchten – die Alternativen sind zahlreich; immerhin hat Mexiko an Karibik und Pazifik mehr als 12 000 km Küstenlinie zu bieten. Während die pazifische Westküste in erster Linie für einen reinen Badeurlaub geeignet ist, da es dort keine bedeutsamen prähistorischen Stätten gibt, können auf der Halbinsel Yucatán im Süden klassische Mayakultur und karibisches Strandleben ideal miteinander verbunden werden.

Noch weitgehend unentdeckt ist die 1300 km lange und im Durchschnitt nur 90 km breite Halbinsel Baja California, eine Verlängerung Kaliforniens, die im äußersten Norden vom mexikanischen Festland abzweigt und in den Pazifik hineinragt. Glasklares Wasser, versteckte Sandbuchten und raue Felsklippen – die Landschaft ist von grandioser Erhabenheit. Außerhalb der wenigen Hotelanlagen tun sich wüstenartige Landstriche auf. In den zerklüfteten Schluchten der Sierras und auf den unbefestigten Schotterstraßen im Landesinneren fühlt man sich jenseits aller Zivilisation.

> Klassische Mayakultur und karibisches Strandleben

Die altmexikanische Vergangenheit des Landes ist es, die viele Besucher anzieht. 25 000 archäologische Stätten, 1000 bis 2000 Jahre alt, hat man entdeckt, 180 davon dem Dschungel entrissen, restauriert und der Öffentlichkeit zugänglich gemacht. Gefährdete Pyramiden und Tempel werden weiter restauriert und können deshalb zeitweilig nicht besichtigt werden. Im yucatekischen Cobá spaziert man auf freigelegten Urwaldstraßen zu einer malerisch um Seen gruppierten Zeremonialstätte der Maya, in Tulum hat man von den auf einer Klippe gele-

Kilometerlange, schneeweiße Palmenstrände: die Riviera Maya südlich von Cancún in Yucatán

genen Tempeln einen atemraubenden Blick aufs Karibische Meer. Hoch über den Wolken liegt Monte Albán; um einen Platz für die Götter zu schaffen, trugen die Erbauer mühevoll die Kuppe eines Berges ab. In Chichén Itzá offenbart sich zur Tagundnachtgleiche ein ungewöhnliches Schauspiel: Durch den Schattenwurf der Sonne entsteht der Eindruck einer sich langsam die Pyramide herabwindenden Schlange.

> *Kosmopolitische Großstadt mit folkloristischem Touch*

Wer zum ersten Mal nach Mexiko reist, wird seinen Aufenthalt sorgfältig planen. So ist es nicht ratsam, während weniger Wochen das ganze Land bereisen zu wollen, weil man all die unterschiedlichen Landschaften, Bevölkerungsgruppen und Kulturkreise kennenlernen möchte. Mexiko ist eben von ungeheurer Vielfalt und Ausdehnung – knapp sechsmal so groß wie Deutschland mit einer Fläche von fast 2 Mio. km² und einer Nord-Süd-Ausdehnung von mehr als 3000 km: So ergibt sich für jeden die Gelegenheit, auf einer Reise sein eigenes Mexiko zu entdecken.

Zum Beispiel Mexiko-Stadt, die chaotische, erdbebengefährdete und übervölkerte 25-Mio.-Metropole voller Smog und hupender Autos, die Stadt, von der die Mexikaner sagen, sie sei die mexikanischste aller Städte: Manche entdecken eine kosmopolitisch-kulturelle Großstadt der Paläste, Museen und Theater, andere schätzen in erster Linie die zahlreichen Feinschmeckerrestaurants und die luxuriösen, zu Hotels umgewandelten Haciendas, auf denen man sich in vergangene Zeiten zurückversetzt

Chichén Itzá: „Chac Mool" werden diese Opferfiguren der Maya genannt

fühlt. Andere wiederum lieben das bunte, das folkloristische Mexiko der Straßenhändler, Garküchenbetreiber, der Gaukler im Alameda-Park, der *Mariachi*-Kapellen auf der Plaza Garibaldi.

Mexiko-Stadt bietet einen Querschnitt durch nahezu alle Bevölkerungsgruppen. Kleine Jungen springen auf die verkehrsüberlasteten Avenidas, um an den Ampeln ihre Zauberkunststücke und akrobatischen

WAS WAR WANN?

Geschichtstabelle

7000–2500 v. Chr. Vorfahren der Maya siedeln im heutigen Guatemala

250–900 n. Chr. Klassische Epoche der Mayakultur im Süden Mexikos; um 900 verlassen die Maya ihre Stadtstaaten

14. Jh. Azteken errichten die Stadt Tenochtitlán; Unterwerfung der übrigen indianischen Völker

1519 Hernán Cortés landet an der Ostküste bei Veracruz

1521 Cortés erobert Tenochtitlán, 100 000 Azteken verlieren ihr Leben

1521–1545 Eroberung und Missionierung; Errichtung spanischer Städte

Bis 1810 Von den einst ca. 20 Mio. Indios überleben nur etwa 3 Mio.

1810 Der Priester Miguel Hidalgo ruft zur Befreiung des Landes auf; zehnjähriger Bürgerkrieg

1821 Mexiko wird unabhängig und zwei Jahre später Republik

1910 Francisco Madero ruft zur Revolution auf, Pancho Villa und Emiliano Zapata kämpfen bei den Aufständischen

1917 Nach Ende des Bürgerkriegs neue Verfassung

1976 Große Erdölvorkommen werden im Golf von Mexiko entdeckt

2001 Der rechtsliberale PAN löst den seit den Zwanzigerjahren des 20. Jhs. ununterbrochen regierenden linken Partido Revolucionario Institucional ab

2009 Ein Drogenkrieg mit Tausenden von Todesopfern und die mexikanische Schweinegrippe beeinträchtigen den internationalen Tourismus nach Mexiko

Nummern vorzuführen, Fenster zu putzen oder Lose zu verkaufen. Die Pesos, die sie von den Autofahrern erhalten, sind ein wichtiger Beitrag zur Unterstützung ihrer Familie. Vor der Kathedrale am Zócalo stellen sich jeden Morgen arbeitslose Handwerker auf und hoffen auf einen Job – für einen Tag oder nur ein paar Stunden. Auf Knien rutschen gläubige Katholiken sonntags zur Basilika der Jungfrau von Guadalupe, der meistverehrten Heiligen des Landes. Attraktive Mexikanerinnen der Oberschicht stöckeln auf hohen Pumps durch das Einkaufsviertel Zona Rosa und betrachten die in den exklusiven Boutiquen ausgestellte Designermode. Schuhputzer bieten ihre Dienstleistung Businessleuten und Restaurantbesuchern, Einheimischen und Touristen an und unterhalten mit den verdienten Pesos ihre Familien.

Wer die Metropole verlässt, um die landschaftliche Vielfalt Mexikos zu entdecken, nutzt am besten das gut funktionierende öffentliche Verkehrssystem. Überlandbusse verbinden auch weit voneinander entfernt liegende Städte im Direktverkehr miteinander. Für die Verpflegung ist bestens gesorgt: Mexikanische Hausfrauen verkaufen an den Bushaltestellen mit Hühnerfleisch gefüllte *tacos,* „muy picante, señor!“, Kokosnusskuchen, natürlich selbst gebacken, und Orangen. Nirgendwo erhalten Fremde einen besseren Einblick in die mexikanische Gesellschaft als auf diesen Reisen quer durch das Land.

Im Norden beherrschen Kaktussteppen und Dornbuschsträucher die Vegetation, den Süden prägen tropische Regenwälder und undurchdringlicher Dschungel. Die Sierra Madre Occidental und die Sierra Madre Oriental durchlaufen das Land in Nord-Süd-Richtung. Hier finden sich herrliche Eichen- und Kiefernwälder zwischen wild zerklüfteten Cañons. An der Kupferschlucht (Barranca del Cobre) lässt sich sogar in einem Hotel wenige Meter vom Abgrund übernachten. Es ist dies noch immer die Heimat von Pumas, Bären und Wölfen. Nur wenige Menschen leben hier. Die Tarahumaraindianer sind wohl die einzigen Siedler, die in dieser rauen Gegend existieren können. Auf schneebedeckte Vulkane trifft man im zentralen Hochland. Ausgerechnet im Bereich der Sierra Volcánica Transversal, des vulkanischen Gebirges, befindet sich das Hauptsiedlungsgebiet der Mexikaner. Dass die Erde jederzeit beben kann – hier trägt man es mit Gelassenheit.

> ***Kaktussteppen im Norden, tropischer Dschungel im Süden***

Nirgendwo im ganzen Land treffen Besucher eine solche Anhäufung von kolonialen Städten wie im zentralen Hochland. In einem Radius von nur wenigen Hundert Kilometern um Mexiko-Stadt fand die Prachtentfaltung kolonialer Städtearchitektur ihren Höhepunkt. Um eine zentrale

Agavenfeld bei Tequila: Hier „wächst" das mexikanische Feuerwasser

plaza gruppieren sich die Kirche und die wichtigsten öffentlichen Gebäude wie Verwaltung und Krankenhaus. Kopfsteingepflasterte Straßen verlaufen im Schachbrettmuster. Sie werden gesäumt von ein- bis zweistöckigen Häusern mit Flachdach, wuchtiger Holztür und schmiedeeisernen Gittern vor den Fenstern. Erst im Inneren der so unscheinbar aussehenden Häuser wird der Wohlstand des Besitzers sichtbar. Eine Oase der Ruhe eröffnet sich im Patio. Im Zentrum dieses arkadengeschmückten Innenhofs plätschert ein Springbrunnen, verziert mit kunstvollen Steinmetzarbeiten. Blumen verströmen ihren Duft, Bäume spenden Schatten. Da die Mexikaner einige der größten und schönsten dieser kolonialen Häuser in Hotels umgewandelt haben, erschließt sich ihre eindringliche Atmosphäre auch Reisenden.

> Museen dokumentieren den langen Weg zur Freiheit

Prunkvoll statteten die kolonialen Eroberer auch die Kirchen aus. Bei einer in Mexiko sehr verbreiteten Spielart des Barocks, dem Churriguerastil, verwendeten die Künstler eine überreiche Ornamentik und verzierten Engel, Heiligenfiguren, Blätter und Blüten, ja sogar Figuren aus der indianischen Mythologie über und über mit Blattgold. Die Kehrseite der Kolonialismusmedaille demonstrieren die in ehemaligen Kolonialpalästen untergebrachten Museen, die den langen und blutigen Weg zur Freiheit im Kampf gegen die Eroberer dokumentieren.

> Ungeliebtes Vorbild im Norden: die Vereinigten Staaten

Das heutige Mexiko ist eine aufregende Verquickung verschiedener Kulturen: der präkolumbischen, der indianischen, der spanischen und der der modernen Mestizengesellschaft. Die Mestizen, Nachfahren der weißen Eroberer und der indianischen Ureinwohner, bilden heute die größte Bevölkerungsgruppe.

Mexikos mächtiger Nachbar, die Vereinigten Staaten von Amerika, prägt das Bild im Norden des Lands, ins-

> ZÓCALO

Warum der Hauptplatz fast jeder Stadt „Sockel" heißt

Der riesige Platz zwischen Kathedrale und Nationalpalast in Mexiko-Stadt, von Hernán Cortés selbst angelegt, blieb lange leer. Schließlich entschloss man sich zur Errichtung eines Standbilds und baute dafür zunächst den Sockel – spanisch *zócalo.* Aus dem Standbild wurde bis heute nichts – der Platz ist leer. Aber die Leute trafen sich seit jeher auf dem zentralen Platz ihrer Stadt, und um sich schneller zu finden, verabredete man als Treffpunkt den Sockel. Bald hieß der ganze Platz so, und es dauerte nicht lange, dann nannte man in fast jeder mexikanischen Stadt den zentralen Platz einfach Zócalo.

besondere in den Grenzstädten. Vielerorts ist hier der American Way of Life eingezogen. Die Straßen sind breiter, die Geschäftsnamen amerikanisiert, überall werden Hamburger und French Fries verkauft, und die jungen Männer nennen sich nicht mehr Carlos, sondern Charlie. Ohnehin arbeiten viele in den in der Grenzregion etablierten US-amerikanischen und multinationalen Firmen. Tijuana, gegenüber von San Diego an der Grenze zu den USA gelegen, ist die Stadt mit den höchsten Besucherzahlen und hat sich vollständig auf den Grenztourismus eingestellt. Als Vergnügungsmetropole offeriert sie hauptsächlich Spielhöllen, Kneipen, Restaurants mit *tex-mex-food* und Souvenirläden. Trotz der Ausrichtung am US-amerikanischen Lebensstil haben Mexikaner häufig ein gespanntes Verhältnis zu den *gringos,* wie sie die Nachbarn aus dem Norden titulieren. Meist ist es besser, in Spanisch zu radebrechen, als eine Bitte in flüssigem Englisch vorzutragen.

Augenschmaus und Gaumengenuss: mexikanische Marktstände mit ihren Früchtepyramiden

Die schönsten Charakterstudien der mexikanischen Volksseele machte Octavio Paz, der mexikanische Literaturnobelpreisträger. In seiner Essaysammlung „Das Labyrinth der Einsamkeit" stellt Paz die Unterschiede zwischen den Mexikanern und den US-Bürgern im Norden dar.

TREND GUIDE MEXIKO

Die heißesten Entdeckungen und Hotspots!
Unser Szene-Scout zeigt Ihnen, was angesagt ist

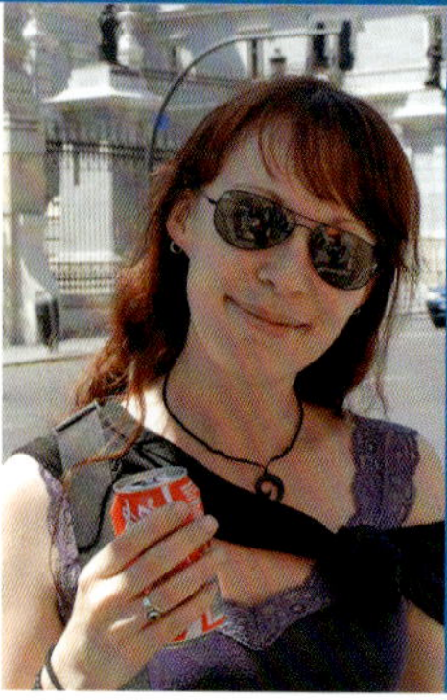

Heike Schilling
Die Ethnologiestudentin kam nach Mexiko, um Spanisch zu lernen. Doch Mentalität und Landschaft haben unseren Szene-Scout so fasziniert, dass sie einige Monate länger blieb. Wieder zurück in Deutschland, packt sie seitdem mindestens einmal im Jahr die Sehnsucht. Dann reist sie nach Mexiko, um Freunde zu besuchen, die Seele an den Stränden Tulums baumeln zu lassen oder um das Nachtleben zu rocken.

SCHÖNER UMWELTBEITRAG

Lebensraum künstliches Riff

Riffe sind empfindliche Ökosysteme. Mexiko hat die Brisanz erkannt und will seine Riffe schützen. Das Projekt des Briten *Jason de Caires Taylor* unterstützt die Bemühungen in besonders aufsehenerregender Weise. Er errichtet vor der Küste Cancúns eine Unterwasserausstellung (*www.underwatersculpture.com*, Foto). Begonnen hat es mit zwei, am Ende sollen 400 Skulpturen in 10 m Tiefe Taucher und Schnorchler anziehen. Damit werden die natürlichen Riffe entlastet, zudem soll aus der Ausstellung ein künstliches Riff erwachsen. Die Figur „Mann im Feuer" ist schon mit roten Korallen, die wie Flammen aus dem Körper lodern, bepflanzt. Taucherbrille auf und abtauchen! Bei täglichen Touren des *Carey Dive Center (Avenida Matamoros 13 a, Isla Mujeres, www.careydivecenter.com)* können Sie die faszinierende Unterwasseroptik selbst erleben.

SZENE

▶▶ CAVING

Tief in Mexiko eindringen

Die Höhlen Mexikos zählen zu den tiefsten und längsten weltweit. Beim Caving erkunden Sie die Unterwelt. Keine Angst vor Fledermäusen! Die nachtaktiven Tiere haben die *Gruta del Quintero (www.mante.com.mx)* südlich der Stadt Mante zu ihrem Heim erkoren. Beim Erkunden der Höhle sehen Sie sie zu Tausenden kopfüber von der Decke hängen. Sie können den Trip alleine unternehmen, der Weg ist ausgeschildert. Mit *Explora (1 de Marzo 30, San Cristóbal de las Casas, www.explorachiapas.com,* Foto*)* dringen Sie noch tiefer ins Erdinnere ein. Der Caving-Anbieter führt Sie auf abenteuerlichen Touren in die Höhlen von Chiapas. Sie möchten noch mehr über die faszinierende Höhlenwelt wissen? Der mexikanische Höhlenforscher *Gustavo Vela Turcott* erzählt in seinem neuen Buch *Un Viaje al México Profundo* von seinen Erfahrungen.

▶▶ SCHÖNHEIT AUS DER NATUR

Pflegen wie die Mayas

Schönheit steht hoch im Kurs, und jedes Mittel, sie zu erlangen, wird ausprobiert. In Mexiko schwören Beautyexperten auf traditionelle Treatments der Maya. Unkonventionell, aber wirkungsvoll ist das Mayabad. Ein Boot bringt Sie zu den Salinen von Río Lagartos. Dort schwimmen Sie im salzhaltigen Wasser, um sich danach von Kopf bis Fuß mit Schlamm einzureiben. Klingt komisch? Ist es auch! Die streichelzarte Haut nach der Anwendung überzeugt dennoch. Bootsausflüge zu den Salinen werden im Fischerdorf Río Lagartos angeboten oder über das Hotel *Xaloc Resort (Isla Holbox, www.holbox-xalocresort.com)* organisiert. Die Kaktusmassage im *Itzá Spa (Calle Corazón, Playa del Carmen, www.spaitza.com)* erzielt ähnliche Wirkung. Keine Angst, die Anwendung findet nicht mit den Stacheln, sondern mit den Inhaltsstoffen des Feigenkaktus statt. Das Wissen der alten mittelamerikanischen Kulturen um heilende Kräfte fließt auch bei *La Casa de los Árboles (Calle Abasolo 9, Zacualpán de Amilpas, www.lacasadelosarboles.com,* Foto*)* in die Behandlungen ein.

QUIETSCHBUNT

Mexican Design

Traditionelle Muster zieren nicht mehr nur Ponchos und Co., sondern seit Neuestem auch aktuelle Designerkollektionen. Schals und Taschen von *Pineda Covalin (Plaza 401 Local C4, Avenida Calzada del Valle, Monterrey, www.pinedacovalin.com)* sind mexikanisch bunt. *Carla Fernández* gehört zur bekannten Modeavantgarde von Mexiko-Stadt. Bei *El Local (Amsterdam 248, Colonia Condesa)* finden Sie ihren Mexican Style. Die Boutique *Colectivo 7 (Amsterdam 92, Colonia Condesa)* ist ein weiterer Hotspot für mexikanisches Design.

NICHT AUS DER KONSERVE

Abfeiern bei Livemusik

Was haben Jazzer und Rocker im Land der Mariachis verloren? Musik machen natürlich! Mexiko-Stadt ist für alles offen und bietet Livemusik aller Genres. Trompete und Bass tönen im *Zinco Jazz Club (Motolinía 20, Centro Histórico, www.zincojazz.com*, Foto*)*. Namhafte Bands wie *Guns N' Roses* oder *Radiohead* gaben sich schon im *Bulldog Café (Insurgentes 149, Colonia Condesa, www.bulldogcafe.com)* die Ehre. Das Who's who der spanischsprachigen Musikszene rockt im *El Hijo del Cuervo (Jardín Centenarios 17, Coyoacán, www.elhijodelcuervo.com.mx)*.

HOPFEN UND MALZ

Liebe zum Bier

Mexiko und Bier, da fallen einem *Desperados* und *Corona* ein. Aber experimentierfreudige Biertrinker probieren auch mal *Strawbeer Light* oder *Exóticas Afrutadas*. Das bekommen Sie in der Schaubrauerei *Beer Factory (Plaza Cuicuilco, Avenida San Fernando 649, Mexiko-Stadt, www.beerfactory.com)*. Beim *Festival Internacional de la Cerveza (Agua Caliente 12027, Hipódromo, www.tjbeerfest.com*, Foto*)* in Tijuana ergeben internationales Bierangebot und mexikanische Lebenslust eine Fiesta Mexicana. Beim *Festival de la Cerveza Guadalajara (www.festivaldelacerveza.com.mx)* sorgen Fotowettbewerbe und Bierprämierungen für kurzweiligen Biergenuss.

HOTELS MIT AUSSICHT

Kleinode zum Urlaubmachen

Mexiko bietet die Kulisse, in der ausgefallene Hotels erst richtig zur Geltung kommen. Moderne Architektur und historische Gebäude umrahmen das Hotel *La Purificadora (Callejón de la 10 Norte 802, Paseo San Francisco, Puebla, www.lapurificadora.com*, Foto*)*. Dunkle Böden und eine puristische Möblierung prägen die Inneneinrichtung. Wer ein Bad im verglasten Pool nimmt, hat einen tollen Blick auf die Stadt. Das *Habita (Avenida Presidente Masaryk 201, Colonia Polanco, Mexiko-Stadt, www.hotelhabita.com)* ist ebenfalls modern eingerichtet. Highlight sind die großen Panoramafenster, durch die die Gäste einen herrlichen Blick auf die Skyline der Stadt haben. Ebenfalls mit großen Aussichtsfenstern ausgestattet ist das *Hotel des Artistes (Avenida Anclote 5, Punta de Mita, www.hoteldesartistesdelmar.com)*bei Puerto Vallarta. Doch hier fällt der Blick nicht auf eine Skyline, sondern direkt auf das strahlende Blau des Pazifiks.

BILDER MIT POTENZIAL

Junge Kunst

Künstler provozieren mit ihren Werken, fordern zum Denken auf und regen Diskussionen an. Mit den Schrecken von Kriegen und der Gewalt während der Kolonialzeit Mexikos beschäftigt sich *Demián Flores (www.demianflores.com*, Foto*)*. In seinen Darstellungen reflektiert er hauptsächlich Macht- und Gewaltausübung. Machen Sie sich ein Bild in der von ihm gegründeten Galerie *La Curtiduría (5 de Mayo 307, Barrio de Jalatlaco, Oaxaca, http://lacurtiduria.blogspot.com). Gabriel de la Moras (www.gabrieldelamora.net)* Bilder aus Menschenhaar bieten schon wegen ihres Werkstoffs Diskussionspotenzial. Faszinierend ist, dass das Haar jeweils von den dargestellten Personen stammt. Er und weitere lokale Künstler stellen in der *Galería OMR (Plaza Río de Janeiro 54, Colonia Roma, Mexiko-Stadt, www.galeriaomr.com)* aus.

> VON FRIDA KAHLO BIS ZU ÖKOPARKS

Wann gibt es die leckeren Schokoladenskelette? Wo musizieren die herausgeputzten *mariachis*? Wer fliegt 30 Meter durch die Luft?

BEVÖLKERUNG

Die Eroberung Mexikos 1521 durch Hernán Cortés war die Geburtsstunde des mexikanischen Volks: Die Vermischung von Indianern und Spaniern begann. Heute bezeichnet man etwa 85 Prozent als Mestizen. Rund zwölf Prozent sind Indios. Die einstigen Herrscher des Landes bilden heute die ärmste Bevölkerungsgruppe und fühlen sich von den Mestizen unterdrückt. Diese wiederum sehen auf die *indígenas* herab, halten sie für faul und primitiv. Gut 111 Mio. Ew. zählt Mexiko, annähernd ein Fünftel davon lebt in der Hauptstadt. Die mexikanische Bevölkerung ist jung, etwa die Hälfte der Menschen ist unter 25 Jahre alt. Eine kleine Mittel- und Oberschicht steht der Masse der armen Stadtbevölkerung gegenüber. Aufgrund der hohen Inflation und sinkender Agrarpreise nimmt die Ver-

Bild: Wandgemälde von Diego Rivera im Palacio Nacional in Mexiko-Stadt

STICH WORTE

armung der *campesinos,* der Bauern und Landarbeiter, weiter zu. Da der Ertrag ihres Bodens oft nicht mal zur Selbstversorgung ausreicht, wandern viele der Jüngeren in die Stadt ab.

FRAUEN

Im Land des Machismo haben es Frauen nicht leicht: Sie verdienen nur einen Bruchteil dessen, was Männer erhalten, und arbeiten ohnehin in Niedriglohnbereichen. Obwohl geschiedene Männer gesetzlich verpflichtet sind, Unterhalt zu bezahlen, müssen Millionen Frauen sich und ihre Kinder allein durchbringen. Ein goldener Ring am Finger zählt mehr als das beste Zeugnis. Kleine Mädchen passen auf ihre Geschwister auf und versäumen die Schule, damit ihre Mütter arbeiten können. Nur selten ist eine Mexikanerin leger gekleidet. Selbst bei großer Hitze werden Strümpfe, enge Röcke und hochhackige Schuhe getragen.

FRIDA KAHLO

Pablo Picasso war von ihren Bildern begeistert. Marcel Duchamp und André Breton gehörten zu ihren Bewunderern. In Amerika feierte sie mit nur 31 Jahren triumphale Erfolge, und auch Europa hat sie jetzt entdeckt. Dabei blieb Frida Kahlo doch stets im Schatten des Malers Diego Rivera, mit dem sie zweimal verheiratet war. Während Riveras monumentale Wandbilder die öffentlichen Gebäude und Paläste Mexikos zieren, malte sie, zurückgezogen in einem Zimmer ihres Hauses, kleinformatige Bilder, zumeist Selbstporträts. Ihre Gemälde dokumentieren das Leid und den Schmerz, die in ihrem Körper wohnten. Mit 18 Jahren hatte die 1907 geborene Künstlerin einen schweren Busunfall. Unzählige Male wurde sie operiert, ein Bein musste amputiert werden, zuletzt saß sie im Rollstuhl. Aber zeitlebens blieb sie ihren Leidenschaften treu, nämlich Diego Rivera und der Malerei. Sie starb 1954 und ist mittlerweile zu einer internationalen Kultfigur geworden.

HACIENDAHOTELS

Nach der Eroberung Mexikos gründeten die Spanier große landwirtschaftliche Betriebe, sogenannte Haciendas, wo sie in prächtigen Herrenhäusern residierten. Da diese Landgüter oft isoliert lagen und daher autark sein mussten, entwickelten sie sich zu kleinen Dörfern mit einer Kirche, einem Laden und Häusern für die *peones,* die Arbeiter. Der Glanz der riesigen Güter ist inzwischen verblasst, doch einige wurden restauriert und als Hotels wiedereröffnet.

STICHWORTE

Die *Mariachi*-Musiker sind ein Inbegriff mexikanischer Folklore

LANDWIRTSCHAFT

Da die mexikanische Revolution durch die Forderung *tierra y libertad* („Land und Freiheit") ausgelöst worden war, kam es nach der Verfassung von 1917 zu einer Umverteilung des privaten Landbesitzes an landlose Bauern *(peones)*. Die sich nunmehr seit Jahrzehnten hinziehende Umverteilung des Bodens ist nicht zufriedenstellend gelöst. Noch immer warten Millionen auf ihr Stückchen Erde. Viele, denen Boden gegeben wurde, sagen, er sei als Ackerland unbrauchbar. Nicht wenige leben unterhalb der Armutsgrenze.

MARIACHI-MUSIK

Ein Abend in Mexiko-Stadt sollte der Plaza Garibaldi gewidmet sein, dem Treffpunkt zahlreicher *Mariachi*-Kapellen. *Mariachis* – der Name leitet sich wahrscheinlich ab vom französischen „mariage" für Hochzeit, ein Anlass zum Aufspielen – können Gruppen von bis zu zehn Musikern sein. Sie sind leicht an ihren Dienstuniformen zu erkennen: schwarzen Anzügen, die über und über mit Silbertressen bestickt sind, sowie breitkrempigen Hüten. Zu ihrem Repertoire gehören mexikanische Volkslieder, die unter Geigen-, Trompeten- und Gitarrenbegleitung inbrünstig vorgetragen werden.

MAYA

Das Hauptverbreitungsgebiet der rund anderthalb Jahrtausende zurückliegenden Mayakultur erstreckte sich auf die Halbinsel Yucatán und Guatemala. Von den übrigen Völkern Mittelamerikas unterschieden sich die Maya insbesondere durch die Entwicklung eines komplexen Kalender- und Schriftsystems.

Bei dem hohen Niveau der Mayakultur ist es verwunderlich, dass weder Töpferscheibe noch Rad bekannt waren. In der Blütezeit ihrer Kultur, zwischen dem 4. und 9. Jh. n. Chr., entstanden zahlreiche Tempelstädte im tropischen Regenwald. Mehrere Mayastätten gehören heute zum Weltkulturerbe der Unesco.

ÖKOPARKS

Besonderer Beliebtheit erfreuen sich seit einigen Jahren die sogenannten ökologischen Parks, die in landschaftlich herausragenden Gebieten eingerichtet wurden. Sie ermöglichen den Besuchern auf umweltverträgliche Weise einzigartige Naturerlebnisse. Auf *ecoturismo* spezialisierte Reisebüros bieten geführte Bergtouren, Wildwasserfahrten u. a. an.

PFLANZEN UND TIERE

Die landschaftliche Vielfalt hat in Mexiko einen ungeheuren Artenreichtum an Pflanzen zur Folge. Während Westmexiko hauptsächlich von Tannen- und Kiefernwäldern, geprägt wird, beherbergt der tropische Regenwald des Südens viele Edelhölzer sowie zahlreiche Orchideenarten. Bougainvilleen, Oleander, Hibiskus und Magnolienbäume sorgen für bunte Tupfer. In Mexiko wachsen 25 000 verschiedene Blütenpflanzen, und nahezu überall gedeihen Kakteen.

In den meist unzugänglichen Schluchten der Sierra Madre leben Schwarzbären, Wölfe, Kojoten, Füchse, Biber und Wildschweine. Im Tiefland gibt es noch Jaguare, Pumas und unzählige Affen. Des Weiteren findet man Dachs, Otter, Luchs, Ozelot, Tapir, Waschbär, Hirsch und Gürteltier. Bunt schillernde Vögel entdeckt man ständig, zu den schönsten zählen Papageien und Kolibris. In den Küstenregionen tummeln sich Pelikane und Flamingos, Reiher und Kormorane, Gänse und Enten. Die Unterwasserwelt vor der karibischen Küste ist voller tropischer Fische. Bei der Vielfalt an Reptilien steht Mexiko weltweit an erster Stelle, bei den Säugetieren an zweiter und bei den Amphibien an vierter Stelle.

STIERKAMPF

Der Stierkampf ist auch in Mexiko beliebt. Dabei ist das 1526 von den Spaniern eingeführte Spektakel nicht unumstritten. Die größte Stierkampfarena der Welt steht in Mexiko-Stadt. Die Saison dauert von November bis April; die Kämpfe beginnen jeden Sonntag gegen 16 Uhr.

Waghalsig stürzen sich die *voladores* zu Flötenklängen in die Tiefe

TOTENKULT

Wer das Glück hat, am 2. November, dem Allerseelentag, in Mexiko zu weilen, dem bietet sich ein bizarres Schauspiel. Am *día de los muertos,* dem Tag der Toten, davon sind die Mexikaner überzeugt, macht die Seele der Verstorbenen zu Hause einen Besuch. Für viele ist das der wichtigste Tag des Jahrs, für den bereits Wochen vorher mit den Vorbereitungen begonnen wird. Händler präsentieren die unentbehrlichen Requisiten: Totenköpfe aus Keramik und Pappmaché, Gruppen musizierender Skelette, aufklappbare Särge, mannshohe Gerippe, die vor den Eingangstüren postiert werden. Die Bäckereien verkaufen in grellen Zuckerguss getauchte oder mit Liebesperlen beklebte Totenschädel, Schokoladenskelette und Marzipansärge.

Ist die bedeutsame Nacht endlich gekommen, werden in allen Häusern und auf dem Weg zum Friedhof Kerzen entzündet, die den Toten als Wegweiser dienen sollen. Im Totenzimmer ist ein Altar aufgebaut, der mit Blumen geschmückt und mit den Lieblingsspeisen des Verstorbenen beladen ist. Oder man pilgert mit den Gaben zu den Friedhöfen. Die Totenfeiern enden in einem fröhlichen Familienfest, bei dem die vorbereiten Leckereien verzehrt werden.

VOLADORES

Während die *voladores,* die Vogelmenschen, sich in früheren Zeiten zu Ehren der Götter in die Tiefe stürzten, tun sie es heute überwiegend wegen der Pesos der Einheimischen und Touristen. Wo man die Artisten bewundern kann? In Mexiko-Stadt gegenüber dem Anthropologischen Museum und vor Pyramidenanlagen befinden sich rund 30 m hohe Baumstämme. Wenn genügend Zuschauer versammelt sind, klettern fünf festlich gekleidete Indios hoch in die Luft und nehmen auf dem oben angebrachten Holzrahmen Platz. Zunächst tanzt der auf einer schmalen Plattform stehende Indio und lässt die Flöte erklingen. Auf ein Zeichen von ihm werfen sich seine vier Kameraden, an Seilen befestigt, kopfüber in die Luft. Bevor sich die Seile langsam rotierend abgewickelt und sie die Erde erreicht haben, vollführt jeder der *voladores* 13 Umdrehungen. Die *voladores* von Papantla *(www.voladoresdepapantla.com)* wurden von der Unesco als Kulturgut der Menschheit ausgezeichnet.

WIRTSCHAFT

Mitte der Siebzigerjahre wurden in Mexiko riesige Erdölvorkommen entdeckt. In Anbetracht des zu erwartenden Reichtums kletterten die Staatsschulden auf mehr als 100 Mrd. Dollar. Als sich die Marktbedingungen für den Ölabsatz verschlechterten, waren Milliarden-Dollar-Verluste die Folge. Heute gehört Mexiko zu den meistverschuldeten Ländern der Welt. Dabei ist ein Großteil des geborgten Gelds durch Korruption auf Nimmerwiedersehen versickert. Die Regierung setzt auf den Tourismus als Devisenbringer. 21 Mio. Touristen besuchen jährlich das Land (davon rund 320 000 aus den deutschsprachigen Ländern) und lassen ca. 9 Mrd. Euro in Mexiko.

BUNTER KARNEVAL UND TOTENKULT

Indianische Bräuche, katholische Traditionen und Revolutionsfeiern beleben den Kalender

> Neben Festen, die im gesamten Land gefeiert werden, gibt es eine Vielzahl lokaler Termine, die zum Teil regionale oder gar überregionale Bedeutung erlangt haben. Fast jeder Ort hat seinen Schutzpatron, an dessen Namenstag ihm zu Ehren ein großes Fest gegeben wird. In der Touristeninformation in Mexiko-Stadt ist eine Broschüre erhältlich, die alle größeren Feste des Lands aufzählt und in ihrer Bedeutung und im Ablauf beschreibt. Eine ähnliche, jedoch viel ausführlichere Broschüre über die Feste in den einzelnen Bundesstaaten gibt es in den Informationsbüros der jeweiligen Hauptstadt.

OFFIZIELLE FEIERTAGE

1. Jan. *Año Nuevo* (Neujahr); **5. Feb.** *Aniversario de la Constitución* (Tag der Verfassung); **21. März** *Natalicio* (Geburtstag) *de Benito Juárez;* **1. Mai** *Día del Trabajo* (Tag der Arbeit); **5. Mai** *Aniversario de la Batalla de Puebla* (Gedenktag des Sieges über die Franzosen 1862); **1. Sept.** *Informe Presidencial* (Bericht des Präsidenten zur Lage der Nation); **16. Sept.** *Día de la Independencia* (am Vorabend des Unabhängigkeitstages wiederholt der Präsident den Aufruf des Paters Hidalgo, den Grito de Dolores, vom Balkon des Nationalpalasts); **12. Okt.** *Día de la Raza* (Tag des Beginns der Entstehung des lateinamerikanischen Volks); **20. Nov.** *Aniversario de la Revolución* (Gedenktag an die Revolution von 1910); **25. Dez.** *Navidad* (Weihnachten)

FESTE & VERANSTALTUNGEN

Karneval

★ Ein ausgelassenes Fest, das mit bunten Umzügen gefeiert wird. Als besonders schön gilt der Karneval in Veracruz und Mérida.

Zweite Märzhälfte

Musik, Oper, Tanz, Theater und Kabarett: Beim *Festival de México* treten rund 1000 internationale Künstler in Kirchen, Theatern, Palästen, auf *plazas* und in Patios von Mexiko-Stadt auf. *www.festival.org.mx*

>EVENTS FESTE & MEHR

März/April
Semana Santa (Osterwoche) von Gründonnerstag bis Ostersonntag.

Erste Aprilhälfte
Beim *Festival Cultural Zacatecas* brillieren Hunderte mexikanische Künstler aus den Sparten Kunst, Theater, Tanz, Musik und Folklore. *www.portalzacatecas.com*

Zwei letzte Julimontage
In Oaxaca werden bei einer *Guelaguetza* in präkolumbischer Tradition indianische Stammestänze aufgeführt. *www.oaxacainfo.com*

15. August
Mariä Himmelfahrt wird überall mit Wallfahrten und Tänzen gefeiert.

Zweite Oktoberhälfte
Das *Festival Internacional Cervantino* zu Ehren des Schöpfers von Don Quijote zieht 2000 Künstler aus aller Welt nach Guanajuato für Oper, Theater, Tanz, Bildhauerei und Literatur.

1./2. November
★ *Todos los Santos* und *Día de los Muertos* (Allerheiligen und Allerseelen): der bizarre mexikanische Totenkult (s. Kapitel Stichworte).

12. Dezember
Aparición de la Virgen de Guadalupe: Halb Mittelamerika erscheint zur Wallfahrt vor der Kirche der Jungfrau von Guadalupe in Mexiko-Stadt.

16.–24. Dezember
Bei den *Posadas* wird die Herbergssuche der Heiligen Familie überall in Mexiko nachgespielt; Kinder ziehen von Haus zu Haus.

23. Dezember
Beim originellen Volksfest *La Noche de Rábanos* („Nacht der Rettiche") in Oaxaca präsentieren Gärtner aus Blumen, Gemüse und Früchten geformte Figuren der Weihnachtsgeschichte. Dazu gibt es ein traditionelles Abendessen mit Stockfisch. *www.oaxaca-mio.com/invita.htm*

> MAIS IN ALLEN VARIATIONEN

Kaum eine Mahlzeit, in der der Mais nicht mitmischt. An Mexikos Küsten sollten Sie aber auch Fisch und Meeresfrüchte probieren

> Mais war für die Maya und Azteken Lebensmittel und Religion zugleich – heute kennen und lieben die Mexikaner Hunderte von Rezepten, die sich um die kalkhaltige Pflanze drehen.

Daneben gehören exotische Zutaten wie Kürbisblüten, die fleischigen Blätter des Feigenkaktus und Agaven seit präkolumbischen Zeiten zur Küche, werden Meeresfrüchte in Limettensaft mariniert und zu ungewöhnlichen Cocktails verarbeitet.

Als besonders traditionsreich gilt die Küche des Hochlands. In den Klosterküchen der Kolonialstadt Puebla wurden, so heißt es, die ersten *chiles poblano* – mit Hackfleisch, Früchten und Nüssen gefüllte Chilischoten – kreiert, die zu den beliebtesten Gerichten der Mexikaner zählen. Entlang der Pazifikküste gehören Fisch und Meeresfrüchte zum Speiseplan, über Holzkohle geräucherter *róbalo* (Seebarsch) und *camarones* (Garne-

ESSEN & TRINKEN

len) in würziger Zubereitung. Berühmtestes Gericht ist der *pescado a la veracruzana,* Fischfilet mit einer Sauce aus Tomaten, Kapern, Chili und grünen Oliven.

Das Frühstück *(desayuno)* ist reichhaltig. Bei den Einheimischen beliebt sind *huevos rancheros* (Spiegeleier auf Tortillas mit Chilisauce und Bohnenbrei) und *huevos a la mexicana* (Rühreier mit Tomate und Chili). Dazu serviert man Ihnen einen *café americano* (leider meistens recht dünn), seltener einen *café de olla,* einen mit Zimt veredelten, starken Kaffee.

Die Mexikaner nehmen ihre Mahlzeiten spät ein: das Mittagessen erst ab 14 Uhr und das Abendessen nicht vor 21 Uhr. Während man mittags oft nur einen Snack zu sich nimmt, wird abends ausgiebig gespeist.

Ein unentbehrlicher Bestandteil der mexikanischen Küche ist die Tortilla, ein dünner Maismehlfladen, der in immer neuen Variationen gefüllt wird. Frittiert wird er zum *taco,* in den Käse, Huhn- oder Fischstücke, Hackfleisch, Eier oder Gemüse eingeschlagen sind, gefüllt und in einer pikanten Sauce gekocht isst man ihn als *enchilada,* mit Sauerrahm oder Käse bedeckt als *enchilada suiza* oder mit Käse gefüllt als *quesadilla.* Gebratene und mit Huhn oder Fleisch, Bohnenpüree und Käse belegte Tortillas nennt man *tostadas.* Sind die Fladen statt aus Mais- aus Weizenmehl gebacken, heißen sie *burritos.*

> SPEZIALITÄTEN

Genießen Sie die typisch mexikanische Küche!

COMIDAS (SPEISEN)

cabrito – Ziege, gegrillt oder gebraten
caldo tlalpeño – Brühe mit Hühnchen, Zwiebeln, Chili und Avocado
carne asada – dünne, gebratene Rindfleischscheiben
ceviche – Cocktail aus rohen Meeresfrüchten mit Zwiebeln und Tomaten
chicharrones – knusprig gebackene Stückchen Schweineschwarte
chilaquiles – Tortillastückchen mit Käse, Tomatensauce und Zwiebeln

chiles en nogada – gekochte Chilischoten in Nusssauce
cochinita pibil – yucatekisches Wildschweingericht, kräftig gewürzt
guacamole – pürierte Avocados, gewürzt mit Zitronensaft und Tomaten
huachinango a la veracruzana – Rotbarsch in scharfer Tomatensauce mit Kapern und Oliven
mole poblano – Sauce mit vielen Zutaten, darunter Zimt und Schokolade
pechuga en nogada – Hühnerbrust in Nusssauce
poc-chuc – yucatekisches Schweinefleisch, in Orangensaft mariniert
pollo asado – scharf gewürztes Brathähnchen
pozole – Eintopf aus Mais, Schweinefleisch, Chili und Zwiebeln
tamales – in Maisblättern gedämpfte Maisklöße, gefüllt mit Fleisch und Chili

BEBIDAS (GETRÄNKE)

agua fresca – Wasser mit püriertem Obst oder Fruchtsaftkonzentrat
atole – Wasser mit Maisstärke
coco loco – Trinkkokosnuss mit Schuss (Foto)
horchata – gemahlener Reis (oder Melonenkerne) mit Wasser
licuado – Milchshake (oder Wasser) mit Fruchtsaft
pulque – vergorener Agavenmost
xocolatl (chocolatl) – heiße Schokolade mit Wasser und Zimt

Zu zahlreichen Gerichten werden Bohnen *(frijoles)* serviert, oft gebraten als Bohnenbrei *(frijoles refritos)*. Zutaten wie frischer Agavensaft, Hibiskusblüten und geschmorte Bananenblätter setzen exotische Akzente.

Als Aperitif sind *piña colada* (Kokosmilch, Ananassaft und Rum mit zerstoßenem Eis aufgeschäumt) und *margarita* (geeister Limettensaft mit einem Schuss Tequila und Orangenlikör, serviert in einem Glas mit Salzrand) sehr beliebt. Gut zum mexikanischen Essen passt das einheimische Bier; empfehlenswert sind Bohemia, Carta Blanca und Corona. Die einheimischen Weine sind durchweg schmackhaft und wesentlich preiswerter als die importierten.

Agavenfelder prägen den Bundesstaat Jalisco. Die Tequilaagaven sind Rohstoff für Mexikos berühmten Schnaps, eben den Tequila: Aus dem fermentierten Saft des Herzstücks der Agave werden pro Jahr über 70 Mio. l gebrannt. Während man die jüngeren Jahrgänge normalerweise mit Salz und Zitrone trinkt, genießt man reifen Tequila *(añejo)* pur wie einen guten Cognac.

Essen gehen in Mexiko ist meist ein Erlebnis, ein Gaumen- und Augenschmaus. Eine mexikanische Besonderheit sind die überall anzutreffenden Obststände, wo Orangen, Papayas und Ananas zu Säften gepresst werden. In Mexiko-Stadt und den Städten aus der Kolonialzeit finden sich stilvolle, in historischen Gebäuden untergebrachte Restaurants. Hier speist man in romantischen Innenhöfen mit Blick auf plätschernde Brunnen und üppige Gewächse. Häufig werden die Gäste mit mexikanischer Volksmusik unterhalten. Nicht selten wird auch ein preiswertes Tagesgericht (*comida corrida,* für 3–6 Euro, teilweise mit Getränk) angeboten.

In Jalisco: Tequilabrennereien laden zur Verkostung des Agavenschnapses

Auch wenn die Fischgerichte in den kleinen Strandküchen noch so verlockend aussehen: Wenn keine Speisekarte vorhanden ist und das Angebot mündlich vorgetragen wird, sollten Sie nach dem Preis fragen und sicherstellen, dass beide Parteien ihn verstanden haben und sich einig sind.

Vor Leitungswasser, Speiseeis, mit Eiswürfeln gekühlten Getränken, rohem Gemüse und ungeschältem Obst ist zu warnen. Bei „Moctezumas Rache" hilft das mexikanische Präparat Lomotil (Vorsicht bei Schwangerschaft!).

IM RAUSCH DER FARBEN

Von der Hängematte bis zum Holztier: die bunte Vielfalt des mexikanischen Kunsthandwerks

> Lassen Sie ordentlich viel Platz im Koffer: Mexiko verführt zum Kaufen. Das einheimische Kunsthandwerk ist von höchstem Rang und deshalb weltweit in den teuersten Boutiquen vertreten. In Mexiko sind die Preise natürlich am niedrigsten, und die Auswahl ist gigantisch. Typisch für die angebotenen Waren ist ihre enorme Farbenpracht, ganz egal, ob es sich um Webarbeiten, Pappmachéartikel oder Geschirr handelt. *Arte Popular* oder *artesanías* – so die Bezeichnung für die künstlerisch hochwertig gearbeiteten Artikel – sind deshalb Spiegelbild der in Mexiko verbreiteten Liebe zum Farbenfrohen und Fröhlichen.

Größere Städte verfügen über regierungseigene „Fonart"-Geschäfte sowie über *casas de artesanías,* in denen zu festen Preisen ein erster Überblick geboten wird. Da die mexikanische Kunsthandwerksproduktion regional ausgerichtet ist, wird man auf der Reise durch das Land immer wieder mit neuen, ungewohnten Produkten und Herstellungstechniken vertraut gemacht.

Inspirierend ist ein Ausflug nach Tlaquepaque bei Guadalajara, einer Ansammlung von hochwertigen Kunsthandwerksbetrieben. Anspruchsvoll ist das Angebot auch in den Städten des Hochlands wie San Miguel de Allende, Puebla oder Guanajuato. In den vor allem auf Massenwaren zugeschnittenen Einkaufszentren von Acapulco und Cancún kaufen Sie zwar günstig US-amerikanische Freizeitmode, nicht aber hochwertige Handwerksprodukte.

FLECHTARBEITEN

Auch von Einheimischen benutzt werden Flechtarbeiten, die von Indios für wenige Pesos verkauft werden. Unentbehrliches Requisit des mexikanischen Dolce Vita sind die farbenfrohen Hängematten *(hamacas).* Besonders groß ist die Auswahl in Mérida (Yucatán).

HOLZWAREN

Feine, mit Lackmalerei verzierte Holzkästchen, Teller, Truhen und Schalen stammen aus Uruapán im Bundesstaat

> EINKAUFEN

Michoacán, bemalte Holztiere kommen aus Oaxaca.

SILBER

Silberwaren werden schon seit vorspanischer Zeit hergestellt. Das Mekka der Silberschmiede ist Taxco. Das Edelmetall wird zu Ringen, Ohrringen, Ketten, Gürteln und Schnallen verarbeitet.

TÖPFERHANDWERK & KERAMIK

Besonders schöne Töpferarbeiten sind die im Bundesstaat Michoacán von den Tarasken geformten Tonwaren, die mit einem leuchtend grünen Überzug versehen werden. Aus Puebla kommen die Lebensbaumkeramik sowie seit spanischer Zeit die mit arabesken Mustern versehenen gelb-blauen Kacheln *(azulejos)* und Talaverageschirr. In einem metallisch anmutenden, schwarzen Glanz schimmern die in der Nähe von Oaxaca gebrannten Vasen. Im Töpferdorf Tonalá wird die Keramik mit einer phantasievollen Bemalung verziert.

TRACHTEN & TEXTILIEN

Neben Töpferarbeiten bestechen insbesondere kunstvoll handgewebte Textilien. Es sind meist Indios, die die traditionellen weiten Blusen, Schals, Röcke, Kleider und Tischdecken herstellen. Kaufen Sie direkt bei den Indiofrauen ein und nicht in den teuren Geschäften, die die Produzenten nur zu einem Bruchteil am Gewinn beteiligen. Der Preis einer Textilie variiert erheblich je nach Material, Muster und Stickerei.

Die schönsten Trachten sind in Chiapas zu finden, dem Bundesstaat mit dem höchsten Indianeranteil. In jedem Dorf sieht man eigene Farb- und Musterkombinationen, hüllen sich die Frauen in andere *huipiles,* blusenartige, handgewebte Überwürfe, die mit Brokat- oder Stickmotiven verziert werden. Dazu kommen ein Rock *(corte),* der mit einem Gürtel zusammengehalten wird, sowie ein Schal *(rebozo).* In der Gegend um San Cristóbal de las Casas tragen die Frauen weiße Blusen mit üppig bestickten Halskrausen

> DAS LAND DER DREI KULTUREN

Vulkane und riesige Metropolen prägen das Hochland – dazu indianische Pyramiden und gewaltige Prachtbauten der Spanier

> Drei Kulturen prägen diese Landschaft, in der eine der größten Städte der Erde liegt. Über allem thronen die Vulkane. Eine Reise in das zentrale Hochland ist immer auch eine Reise zu den Wurzeln des modernen Mexiko.

Hier auf einer Hochebene von über 2000 m siedelten die ersten Indios bereits vor Tausenden von Jahren, und im 14. Jh. gründeten die Azteken dort ihre Hauptstadt. Auf den Trümmern ihres Tenochtitlán, auf den Ruinen der gewaltsam zerstörten Pyramiden und Tempel ließ der spanische Konquistador Hernán Cortés prunkvolle Kirchen und Paläste erbauen. Er taufte den Ort La Ciudad de México. Heute ist Mexiko-Stadt die bevölkerungsreichste Metropole Amerikas.

Im zentralen Hochland Mexikos erwarten die Besucher sowohl präkolumbische Tempelbezirke als auch einige der schönsten Kolonialstädte. In Teotihuacán, dem „Ort der Götter“,

Bild: Fassade im Churriguerastil der Kirche La Valenciana bei Guanajuato

ZENTRALES HOCHLAND

errichtete ein bis heute unbekanntes Volk ein Kultzentrum von bisher ungeahnten Dimensionen. Im denkmalgeschützten Städtchen Taxco hat das Silber verarbeitende Handwerk eine mehrere Jahrhunderte zurückreichende Tradition.

Beherrscht wird diese Region vom Vulkangürtel der Sierra Volcánica Transversal. Er wird von den höchsten Bergen und Vulkanen Mexikos gebildet, die teilweise schneebedeckt und heute überwiegend nicht mehr tätig sind. Der berühmteste Vulkan des Lands, der Popocatépetl, kann seit einiger Zeit wegen erhöhter Ausbruchsgefahr nicht mehr bestiegen werden.

Es ist für Europäer ein klimatisch angenehmes Reiseland: Tagsüber herrschen Temperaturen wie hierzulande im Frühling, meist scheint die Sonne, nur nachts wird es ein wenig kühl.

GUADALAJARA

[164 C3] **Die geschäftige 5-Mio.-Ew.-Stadt, die zweitgrößte des Landes, vereint die Vor- und Nachteile einer Industriemetropole mit einem reichen kulturellen Erbe.** Von der zentralen *plaza* aus erreichen Sie gewaltige Paläste und reich verzierte Kirchen zu Fuß, dazwischen laden nette Cafés zur Pause ein. Große Teile des Zentrums sind Fußgängerzone. Eine romantische Atmosphäre hält auf den zahlreichen *plazas* im Frühling Einzug, wenn die Jacarandabäume in Blüte stehen und die Indischen Lorbeerbäume ihre schirmähnlichen Kronen über die Parkbänke breiten.

Bunt und mitreißend sind die Darbietungen des „Grupo Folklórico" im Degollado-Theater

SEHENSWERTES

DEGOLLADO-THEATER

In dem klassizistischen Gebäude, dessen goldüberladenes Inneres mit funkelnden Kristalllüstern erhellt wird, werden Opern, Operetten und Konzerte sowie (sonntagvormittags) Aufführungen des „Grupo Folklórico" geboten. *Mo–Sa 10–13 Uhr | Belén/ Degollado*

INSTITUTO CULTURAL CABAÑAS

Im wunderschönen Ambiente des ehemaligen Waisenhauses von 1805 mit 23 Innenhöfen sind die Werke des großen mexikanischen Malers und Muralisten José Clemente Orozco ausgestellt. Höhepunkt ist das weltbekannte Bild „Mensch in Flammen". *Di–Sa 10–18, So 10–14 Uhr | Hospicio Cabañas 8 (Ende der Plaza Tapatía, zwischen República und Allende)*

KATHEDRALE

Das Zentrum der Stadt beherrscht die Kathedrale aus dem 16. Jh. Als die

Zwillingstürme der Kirche bei einem Erdbeben Anfang des 20. Jhs. zerstört wurden, erneuerte man diese in byzantinischem Stil. *Tgl. 7–21 Uhr | Alcalde/Hidalgo*

MUSEO REGIONAL

In einem Gebäude des 18. Jhs. sind in zahlreichen durch Patios miteinander verbundenen Räumen Exponate zur präkolumbischen Geschichte sowie zur spanischen Kolonialzeit ausgestellt. *Di–Sa 9–17 Uhr | Hidalgo/Liceo 60 (an der Plaza de la Liberación)*

PALACIO DE GOBIERNO

Das Gebäude von 1643 kann sich zahlreicher historischer Ereignisse rühmen. So gelang es dem mexikanischen Präsidenten Benito Juárez, sich vor den französischen Truppen hierher zu flüchten. Im Treppenaufgang des barocken Palasts befindet sich ein *mural* (großformatiges Wandgemälde) von José Clemente Orozco, in dem er dem mutigen Kampf des Paters Hidalgo für die mexikanische Revolution ein Denkmal setzte. *Mo bis Fr 9–19, Sa/So 10–12.30 Uhr | Morelos/Pino Suárez (an der Plaza de Armas)*

PLAZAS

Die Kathedrale wird umgeben von vier wunderschönen *plazas.* Auf der Seite des Portals liegt die *Plaza de los Laureles,* der Platz der Indischen Lorbeerbäume. Zwischen Kathedrale und Palacio de Gobierno liegt die *Plaza de Armas* mit einer viktorianischen Rundbühne. Auf der anderen Seite der Kirche stößt man auf die *Rotonda de los Hombres Ilustres,* eine gepflegte Grünanlage mit lebensgroßen Bronzestatuen von Männern, die sich um die Stadt verdient gemacht haben. Schließlich liegt hinter der Kathedrale die *Plaza de la Liberación mit kolonialen Brunnen und einem Standbild von Hidalgo.*

ESSEN & TRINKEN

CASA FUERTE

Das prächtige Stadtpalais in der Nachbarstadt Tlaquepaque offeriert Spezialitäten der Region und ausgefallene Fischgerichte. *Calle Independencia 224 | Tlaquepaque | Tel. 0133/ 36 39 64 74 | www.casafuerte.com | €€€*

MARCO POLO HIGHLIGHTS

★ **Guanajuato**
Romantische Bergwerksstadt von feiner Ausstattung (Seite 37)

★ **Museo Nacional de Antropología in Mexiko-Stadt**
Die einzigartigen Schätze der präkolumbischen Kulturvölker – allen voran der Sonnenstein der Azteken – ansprechend präsentiert in der Hauptstadt (Seite 43)

★ **Teotihuacán**
Tempel, Gräber und Pyramiden in der 2000 Jahre alten Götterstadt (Seite 48)

★ **Santa María de Tonantzintla**
Die Kirche bei Cholula ist ein Höhepunkt des mexikanischen Barock (Seite 57)

★ **Taxco**
Hügel, Silber und hübsche Gässchen (Seite 62)

CAFÉ MADOKA
Großes, beliebtes Café mit regionalen Spezialitäten. *Enrique González Martínez 76–78 (Centro) | Tel. 0133/36 13 06 49* | €

EINKAUFEN

MERCADO LIBERTAD
Der Besuch des in einem modernen Gebäude untergebrachten städtischen Markts lohnt sich wegen der betriebsamen Atmosphäre und der Vielfalt der Gourmetstände. Im ersten Stock servieren Kleinrestaurants die gesamte Palette mexikanischer Volksküche. *Javier Mina/Cabañas*

Insider Tipp

TLAQUEPAQUE UND TONALÁ
Das nur 7 km von Guadalajara entfernte Städtchen Tlaquepaque ist zu einem herausragenden Einkaufsziel für mexikanische Produkte avanciert. Die Auswahl an Kunsthandwerksbetrieben und -geschäften ist riesengroß. Eine hübsche Fußgängerzone führt vorbei an den schönsten Läden und Restaurants – oft gelegen in romantischen Patios – und vielen Werkstätten, die auch besucht werden können.

12 km südlich von Guadalajara liegt der wesentlich ländlichere Töpferort Tonalá. Dutzende Werkstätten und Geschäfte laden auch hier zum Schauen und Kaufen ein. Am Sonntag und Donnerstag ist Markt.

ÜBERNACHTEN

HAMILTON
Einfache, dafür preiswerte Zimmer in zentraler Lage. *32 Zi. | Madero 381 (zwischen Galeana und Ocampo) | Tel. 0133/36 14 67 26 | Fax 36 58 19 25* | €

HOTEL DE MENDOZA
Kolonialer Stadtpalast in der Innenstadt mit zahlreichen Terrassen und tollem Blick vom Dach auf das historische Zentrum. *104 Zi. | Avenida Venustiano Carranza 16 | Tel. 0133/39 42 51 51 | www.demendoza.com.mx* | €€

POSADA GUADALAJARA
Günstige Preise, viel Atmosphäre. Renovierte Zimmer, Pool, Patio mit Brunnen. *174 Zi. | Avenida López Mateos Sur 1280 (Plaza del Sol) | Tel. 0133/31 21 20 22 | www.posadaguadalajara.com.mx* | €€

AUSKUNFT

Morelos 102 (Plaza Tapatía) | Tel. 0133/36 68 16 00 | www.guadalajara.com.mx

ZIEL IN DER UMGEBUNG

LAGO DE CHAPALA [164–165 C–D3]
Der etwa 60 km südöstlich von Guadalajara gelegene Chapalasee, der größte See des Landes, trocknet an der Ost- und Südseite zunehmend aus. Das angenehme Klima und die schöne Umgebung haben das Nordufer des Sees zum Domizil Tausender pensionierter US-Amerikaner werden lassen. Wer länger bleiben will, mietet sich eine preiswerte Ferienwohnung.

Für einen Spaziergang eignen sich die drei am Nordrand gelegenen Dörfer. *Chapala* lockt mit mexikanisch-amerikanischem Flair und viktorianisch anmutenden Häusern zwischen blühenden Bougainvilleen. *Ajijic* ist ein besonders schönes Kolonialdorf im Bundesstaat Jalisco. Von der Plaza aus lassen sich Kunstgewerbeläden, Galerien und Boutiquen

ZENTRALES HOCHLAND

In der Abenddämmerung präsentiert sich Guanajuato besonders romantisch

mit Ethnomode entdecken, untergebracht in prächtigen Wohnhäusern.

GUANAJUATO

[165 E3] ★ **Guanajuato, inmitten eines Tals in über 2000 m Höhe gelegen, ist eine der schönsten kolonialen Städte des Landes.** Zur Atmosphäre der Universitätsstadt (150 000 Ew.) tragen kleine *plazas,* ein Gewirr enger Gassen mit altem Kopfsteinpflaster und steiler Treppen sowie bunt gekalkte Hausfassaden bei. Durch ein trockengelegtes Flussbett wie durch ehemalige Minenschächte schlängeln sich unterirdische Straßen – überbaut und auch durch die Felsen gesprengt. Am besten fährt man mit dem Taxi vom Stadtrand zum zentralen Platz durch die düster-romantischen Straßen. Musiker geben ihr Stelldichein am Pavillon des Zentralplatzes, des *Jardín de la Unión.* Stimmungsvolle Frühstückscafés und Freiluftrestaurants gruppieren sich um den Platz.

Die Stadt ist eine Schatzkammer an Kirchen und kolonialen Gebäuden, Überbleibsel des ehemaligen Reichtums: Die Spanier hatten hier mehrere große Silberminen entdeckt. An die Bergwerkstradition erinnern die auf vielen Plätzen als Pflanztröge aufgestellten Loren mit Blumen und Lorbeerbäumen.

SEHENSWERTES

ALHÓNDIGA DE GRANADITAS

„Mexikos Bastille" genannt: ein festungsartiger Getreidespeicher von enormer Größe, in dem während des Unabhängigkeitskampfs eine bedeutende Schlacht tobte. José Martínez, einem jungen indianischen Minenarbeiter, verdanken die Aufständischen ihren Sieg. Er setzte ein Tor der Alhóndiga, in die sich die royalistische Armee zurückgezogen hatte, in Brand und ermöglichte so den Rebellen den Zugang. Es war nur ein vorläufiger Sieg für Pater Hidalgo, denn später nahmen die Spanier die

Anführer gefangen und exekutierten sie. Ihre Köpfe wurden zehn Jahre lang an der Alhóndiga zur Schau gestellt. Heute dient das Bauwerk als Gedenkstätte und *Regionalmuseum* mit Dokumenten zum Unabhängigkeitskampf und zur Silbergewinnung. *Di–Sa 10–18, So 10–15 Uhr | 28 de Septiembre/Mendizábal 6*

JARDÍN DE LA UNIÓN

Unter den Arkaden, Markisen und Lorbeerbäumen des zentralen Platzes spielt sich das öffentliche Leben von Guanajuato ab. Bis tief in die Nacht wird in den umliegenden Restaurants getafelt.

MUSEO CASA DIEGO RIVERA

Pilgerort für Kunstinteressierte: Das Geburtshaus des großen Malers, ein Stadthaus im typischen Guanajuatostil, ist öffentlich zugänglich. Und als Dreingabe sind knapp 100 seiner Werke ausgestellt. *Di–Sa 10–19, So 10–15 Uhr | Positos 47*

MUSEO ICONOGRÁFICO DE QUIJOTE

Insider Tipp

In Guanajuato lebt der spanische Dichter Miguel de Cervantes weiter. Die Stadt begeht jedes Jahr im Oktober das Cervantes-Festival mit Theateraufführungen sowie Jazz und klassischer Musik. Das Museum, ein vornehm restauriertes Kolonialgebäude, zeigt Bilder und kostbare Erstausgaben von Don Quijote. Die Exponate aus drei Jahrhunderten sind eine Schenkung des 1941 nach Mexiko emigrierten Spaniers Eulalio Ferrer. *Di–Sa 10–18.30, So 10–14 Uhr | Manuel Doblado 1 | www.guanajuato.gob.mx/museo*

MUSEO DE LAS MOMIAS

Durch Glasscheiben starren Sie 119 Mumien an: aufrecht stehend, in Gruppen versammelt oder im Glaskasten liegend und zum Teil noch mit Stofffetzen bekleidet. Die meisten stammen aus der Zeit der Wende zum 20. Jh. Vermutlich sind es die mineralreiche Erde und die trockene

Der Beginn der Karriereleiter: Freitreppe zu Guanajuatos Universitätsgebäude

Luft Guanajuatos, die für eine schnelle Mumifizierung der Leichen sorgten. *Tgl. 9–18 Uhr | Cementerio Municipal, Explanada del Panteón | Tepetapa (auf einem Hügel nordwestlich des Zentrums) | www.momiasdeguanajuato.gob.mx*

EL PÍPILA

Einen Panoramablick auf die Stadt hat man von dem gewaltigen, rosafarbenen Denkmal für José Martínez, genannt El Pípila. Am besten, man lässt sich nachmittags (gutes Fotolicht) mit dem Taxi hinauffahren, genießt die Aussicht und wandert anschließend über den Fußweg hinab in die Stadt. *Carretera Panorámica (südöstlich der Stadt)*

TEATRO BENITO JUÁREZ

Das pompöse, 1903 eröffnete Theater muss man gesehen haben: Dorische Säulen tragen das Dach, von dem huldvoll die neun Musen blicken. Drinnen herrschen Gold, Stuck und Plüsch. *Di–So 9–14 und 17–19 Uhr | Sopeña (Südseite des Jardín de la Unión)*

UNIVERSIDAD

Über eine lange Treppe erreicht man das auffällige Universitätsgebäude. Es wurde 1955 an der Stelle eines Jesuitenkollegs im maurischen Stil erbaut und bietet einen schönen Blick über die Altstadt. Nebenan liegt die *Compañía-Kirche* von 1765. *Positos*

ESSEN & TRINKEN

BOCAMINA SAN RAMÓN

Insider Tipp

Steile Stufen führen hinab in den ehemaligen Versorgungsschacht der Silbermine; im Bergwerksambiente werden internationale Spezialitäten aufgetischt. *Callejón de San Ramón 10 | Colonia Valenciana | Tel. 01473/732 35 51 | €€€*

EL GALLO PITAGÓRICO

Insider Tipp

Ganz in Blau: Auf einem Hügel hinter dem Teatro Juárez, zu erreichen über eine lange Treppe, liegt das Restaurant mit phantastischem Blick über die Stadt vom Dachgarten. Serviert wird gehobene italienische Küche. *Constancia 10 | Tel. 01473/732 94 89 | €€*

EL TRUCO SIETE ▶▶

Insider Tipp

Unkonventionelles Restaurant mit viel Künstler- und legerer Atmosphäre; leichte Gerichte und Snacks. *Calle del Truco 7 | Tel. 01473/732 83 74 | €*

EINKAUFEN

In Guanajuato ersteht man auf den Straßen und Plätzen günstig Aquarelle und Ölbilder, die oftmals koloniale Gebäude der Stadt zeigen. Sehenswert ist auch der *Mercado Hidalgo (Avenida Juárez)* in einem Jugendstilmetallbau, wo Sie u. a. preiswertes Kunsthandwerk bekommen.

ÜBERNACHTEN

MESÓN DEL ROSARIO

Antike Holzbalken und typisch mexikanische Schmuckkacheln prägen das Kolonialgebäude im Zentrum. Einfache, unterschiedlich ausgestattete Zimmer, die man vorher besser anschaut. *34 Zi. | Avenida Juárez 31 | Tel. 01473/732 32 84 | €*

EL MINERO ▶▶

Vier Stockwerke ohne Fahrstuhl. Diverse unterschiedliche, preiswerte

Zimmer mit Bad bzw. Dusche und Ventilator, teilweise jedoch laut. Empfehlenswert sind diejenigen im 1. Stock mit Fenster zum Innhof. *20 Zi. | Alhóndiga 12 a | Tel. 01473/ 732 52 51* | €

VILLA MARÍA CRISTINA

Etwas außerhalb des Zentrums liegt diese Stadtvilla aus dem 19. Jh. im ungewöhnlichen französischen Stil mit Springbrunnen, umlaufenden Patiogängen und historischen Steinkacheln, kleinen Gärten mit Buchsbäumen und schmiedeeisernen Gittern. Die großen, hohen Räume mit Parkettfußböden sind luxuriös ausgestattet, die Marmorbäder haben Jacuzzis, und zum hoteleigenen Spa gehört ein großes Thermalschwimmbad. Ebenfalls im Haus: ein hervorragendes Restaurant. *13 Suiten | Paseo de la Presa de la Olla 76 | Tel. 01473/ 731 21 82 | www.villamariacristina.net* | €€€

AUSKUNFT

Plaza de la Paz 14 | Tel. 01473/ 732 82 75 | www.aboutguanajuato.com

MEXIKO-STADT

KARTE IN DER HINTEREN UMSCHLAGKLAPPE

[166 B3] **Bereits vom Flugzeug aus lässt sich die ungeheure Größe von Mexiko-Stadt (Ciudad de México) erahnen: Ein Gewirr von Straßen und Flachdächern, Wolkenkratzern und Grünanlagen tut sich auf.** Beim Anflug hat man oft einen hervorragenden Blick über die selbst im Sommer schneebedeckten Vulkane Popocatépetl und Ixtaccíhuatl. Aufgrund des stets präsenten Smogs kann man vom Boden aus diese Wahrzeichen der Hauptstadt nur sel-

>LOW BUDGET

- Im *Villa Calmecac Hostal Ecoturístico (9 Zi. | Calle Zacatecas 114/Tanque | Colonia Buenavista | Tel. 01777/ 313 29 18 | www.villacalmecac.com)* in Cuernavaca kostet die Übernachtung mit Frühstück nur wenige Euro; ökologische Exkursionen können dazugebucht werden.
- Der *Palacio Nacional (tgl. 9–17 Uhr | Zócalo | Metro: Zócalo)* von Mexiko-Stadt besitzt berühmte Wandmalereien von Diego Rivera; der Eintritt (Ausweiskontrolle!) ist frei.
- Billige Betten (auch Doppelzimmer) mit Frühstück und preiswertem Dinner auf dem Dachgarten mit Blick zum Zócalo offeriert das *Hostal Moneda (Moneda 8 | Tel. 0155/55 22 58 21 | www.hostalmoneda.com.mx)* in Mexiko-Stadt.
- Der Eintritt beträgt weniger als 1 Euro: In der traditionellen Tanzhalle *Salón de Los Ángeles (Lerdo de Tejada 206 | Colonia Guerrero | Metro: Tlatelolco | Tel. 0155/55 97 51 81)* in Mexiko-Stadt dreht man sich zu Salsa- und Merenguerhythmen; auch Anfänger sind willkommen.
- Ein Bett ab 11 US-$ (auch Doppelzimmer mit Bad) in bester Lage in Mexiko-Stadt finden Sie im *Hostel Mundo Joven Catedral (Guatemala 4 | Metro: Zócalo | Tel. 0155/55 18 17 26 | www.hostelcatedral.com)*. Von dort fahren Kleinbusse *(www.wayakbus.com)* preiswert (z. B. Oaxaca 40 US-$) zu anderen Hostels Mexikos.

ZENTRALES HOCHLAND

Der monumentale Paseo de la Reforma repräsentiert das moderne Mexiko

ten erkennen. 3,5 Mio. Kraftfahrzeuge und rund 30 000 Fabriken verpesten die Luft, und ein Drittel der Bewohner kocht noch mit Holzkohle. Um der Luftverschmutzung zu begegnen, hat man inzwischen mit der Produktion von 30 000 Autos mit Elektromotor begonnen.

Der Paseo de la Reforma, ein teilweise zehnspuriger Prachtboulevard, ist neben der über 50 km langen Avenida Insurgentes die zentrale Achse der 25 Mio. Ew. zählenden Metropole. Hier quälen sich täglich Zehntausende von Autos entlang – außer sonntagvormittags, wenn er von 7 bis 14 Uhr für Autos gesperrt ist. Hier liegen aber auch prächtige Paläste und moderne Hochhäuser wie das höchste Gebäude Lateinamerikas, der 225 m und 55 Stockwerke hohe Büroturm *Torre Mayor*. Die grünen Lungen der Stadt sind der Chapultepec- und der Alamedapark, besonders an Wochenenden beliebte Anlaufstellen mexikanischer Großfamilien.

Größe und Armut, Glanz und Schmutz liegen dicht beieinander. In der Zona Rosa, dem feinen Einkaufs- und Unterhaltungszentrum, treffen sich die Reichen und Schönen. Die bedeutendsten kolonialen Gebäude gruppieren sich um den Zócalo, einen riesigen Platz mitten im Zentrum der Stadt, auf dem heute Feierlichkeiten und Paraden stattfinden. Im Nationalpalast, dem Regierungssitz des mexikanischen Präsidenten, prangt eines der bedeutendsten Wandgemälde des Lands, die von Diego Rivera gestaltete Geschichte des „Mexiko über die Jahrhunderte“. Die Kathedrale der Stadt, die größte des amerikanischen Kontinents, ist ein Musterbeispiel kolonialer Prachtentfaltung.

Mexiko-Stadt ruht auf historischem Boden: Wo heute die Kolonialbauten der Spanier stehen, befanden sich bis 1521 Pyramiden, Tempel und indianische Paläste: Im 14. Jh. hatten die Azteken auf einer Insel des Texcocosees Tenochtitlán gegründet; die Siedlung wuchs zum prächtigen Zentrum ihres Reichs. Cortés und seine Männer machten 1521 alles dem Erdboden gleich. In der Folgezeit wurden die Seen trockengelegt. An die kunstvollen schwimmenden Gärten der Azteken erinnert heute nur noch das südlich der Stadt gelegene Xochimilco, ein Komplex labyrinthartig angelegter Seen und Kanäle.

SEHENSWERTES

Der *Autobús Turístico (www.turibus.com.mx)* fährt täglich von 9 bis 21 Uhr im 35-Minuten-Takt zwischen Zócalo und Chapultepec 24 Sehenswürdigkeiten an; eine zweite Rundfahrt führt nach Coyoacán und San Ángel. Man darf nach Belieben zu- und aussteigen. *Tageskarte 100, Sa/So 115 Pesos*

Beim Fest der Virgen de Guadalupe geht es im Stadtteil Guadalupe hoch her

ALAMEDA CENTRAL [U E3]

Mexiko-Stadt hat viele bezaubernde Plätze, einer der nettesten ist dieser Park. Sonntags pilgern die Hauptstadtbewohner mit Kind und Kegel und einem Picknickkorb in die Großstadtoase, wo Artisten, Luftballonverkäufer und Musiker um die Aufmerksamkeit des Publikums wetteifern. Kinder spielen Ball, die Erwachsenen genießen die beschauliche, etwas altmodisch anmutende Atmosphäre. Natürlich auch unter der Woche schön. *Centro Histórico | Metro: Bellas Artes*

BASÍLICA DE GUADALUPE [0]

Am 9. Dezember 1531 soll dem Indio Juan Diego auf dem Hügel Tepeyac die Jungfrau Maria erschienen sein. Die dunkelhäutige Muttergottes trug dem Jungen auf, beim Bischof um die Errichtung einer Kirche zu ersuchen. „La Morena", die Dunkelhäutige, trug erheblich zur Missionierung der indianischen Bevölkerung bei und gilt heute als Schutzheilige Mexikos. Jeweils am 12. Dezember strömen Gläubige aus dem ganzen Land zur Wallfahrtskirche, und täglich besuchen Hunderte von Pilgern den Ort.

In der während der Siebzigerjahre neu errichteten Basilika befindet sich in einem Glasschrein der Umhang des Juan Diego. *Calzada Guadalupe | Metro: Basílica*

BOSQUE DE CHAPULTEPEC [U A4–5]
Der riesige Park hat viel zu bieten: kleine Wälder, mit Booten bestückte Seen, einen botanischen Garten, weitläufige Rasenflächen sowie einen Zoo. Auf einem Hügel liegt das *Schloss Chapultepec,* heute ein historisches Museum. Das *Monumento a los Niños Héroes* am Eingang erinnert an sechs junge Kadetten, die 1847 ihren Widerstand gegen die bis nach Mexiko-Stadt vorgedrungenen US-Truppen mit dem Tod bezahlten. *Reforma/Melchor Ocampo | Metro: Chapultepec*

CATEDRAL METROPOLITANA [U F3]
Die Ausmaße dieser Kathedrale sind gewaltig. Man muss sich Zeit nehmen für die Besichtigung: für die kunstvollen Steinmetzarbeiten um die *Portale,* für den von Jerónimo de Balbás geschaffenen, überreich verzierten *Altar der Könige* (Altar de los Reyes), für das von Juan de Rojas geschnitzte *Chorgestühl* aus Zedernholz. Das schwere Bauwerk sinkt inzwischen schief in den Untergrund und wird aufwendig abgestützt. *Tgl. 7–20 Uhr | Zócalo | Metro: Zócalo*

MUSEO NACIONAL DE ANTROPOLOGÍA ★ [U A4]
Bereits vor dem Eingang des Anthropologischen Museums wartet auf Besucher ein 8 m hoher Monolith des Regengotts Tláloc. Das 1964 fertiggestellte Museum gilt als eines der weltbesten. Während man in den ersten Sälen eine Einführung in die mittelamerikanische Anthropologie erhält, sind die übrigen jeweils einer präkolumbischen Kultur vorbehalten. Besuchermagnet ist der Sonnenstein der Azteken in Saal 7. *Di–So 9–19 Uhr | Paseo de la Reforma/Calzada Gandhi | Metro: Chapultepec | www.mna.inah.gob.mx*

MUSEO DE ARTE POPULAR [U D3] Insider Tipp
Für Freunde des mexikanischen Kunsthandwerks: farbenfrohe Keramiken, Glas- und Holzarbeiten, Silberschmuck, Pappmaché und vieles mehr, dargeboten in einem Art-déco-Gebäude. *Di–So 10–18 Uhr | Revillagigedo 11/Independencia | Metro: Juárez | www.map.df.gob.mx*

MUSEO FRIDA KAHLO [0]
Das Haus, in dem die populäre Malerin von 1929 bis 1954 mit ihrem Ehemann Diego Rivera lebte, ist heute ein Museum. *Di–So 10–18 Uhr | Londres 247/Allende | Metro: Coyoacán | www.museofridakahlo.org*

MUSEO CASA LEÓN TROTSKY ▶▶ [0] Insider Tipp
Nachdem Leo Trotzki, Organisator der Oktoberrevolution und Gründer der Roten Armee, bei Josef Stalin in Ungnade gefallen war, gewährte ihm Präsident Lázaro Cárdenas 1937 auf Bitten von Diego Rivera Asyl. Er wohnte zunächst bei dem Künstlerpaar Rivera/Kahlo, baute dann ein Wohnhaus zu einer Festung um. Vergeblich: Trotzki wurde 1940 von einem Agenten Stalins getötet. Sein Haus, in dessen Patio er bestattet ist, ist ein Treffpunkt und Veranstaltungsort der alternativ-sozialistischen Sze-

ne. *Di–So 10–17 Uhr | Viena 45, Eingang Río Churubusco 410 | Metro: Coyoacán | http://casadeleontrotsky.blogspot.com*

MUSEO RUFINO TAMAYO **[U A4]**
Am östlichen Ende des Chapultepecparks finden Sie die Privatsammlung des berühmten Malers mit eigenen Werken und solchen von Picasso, Miró, Toledo und anderen. *Di–So 10 bis 18 Uhr | Reforma/Gandhi | Metro: Chapultepec | www.museotamayo.org*

PLAZA DE LAS TRES CULTURAS **[O]**
Die an den Ruinen einer präkolumbischen Tempelanlage angebrachte Gedenktafel erinnert an den 13. August 1521, an dem Hernán Cortés Tenochtitlán eroberte: „Es war weder Sieg noch Niederlage, sondern die schmerzhafte Geburtsstunde Mexikos und seines mestizischen Volks." Auf die Kolonialzeit verweist die 1609 erbaute Kirche Santiago Tlatelolco, das heutige Mexiko verkörpern Hochhäuser. *Metro: Tlatelolco*

TEMPLO MAYOR **[U F3]**
Bereits Cortés wusste über den Haupttempel der Azteken zu berichten, dass dieser „höher ist als die Kathedrale von Sevilla". Heute sind die Grundmauern der Pyramide weitgehend freigelegt. Daneben erläutern Ausgrabungsfunde die Geschichte der Azteken. *Di–So 9–17 Uhr | Seminario 8 (nordöstlich des Zócalo) | Metro: Zócalo | www.templomayor.inah.gob.mx*

TORRE LATINOAMERICANA **[U E3]**
Die Terrasse im 42. Stockwerk gewährt einen umfassenden Rundblick. Der Architekt des 1958 errichteten 177 m hohen Turms rühmt dessen erdbebensicheren Fundamente. *Tgl. 9–22 Uhr | Madero/Lázaro Cárde-*

Von der Terrasse in der Torre Latinoamericana haben Sie einen grandiosen Blick auf die Stadt

nas | Metro: Bellas Artes | Fahrstuhl ca. 3,50 Euro

ZÓCALO [U F3]

Jedes Jahr am Vorabend des Unabhängigkeitstags, am 15. September, füllt sich der riesige, unbebaute Platz mit bis zu 1 Mio. Menschen. Mit 240 m Seitenlänge ist er einer der größten Plätze der Erde. Einst schlug hier das Herz von Moctezumas Reich: Hier stand der Haupttempel des alten Tenochtitlán. Auf dessen Trümmern ließ Hernán Cortés den Platz und die ersten umliegenden Gebäude erbauen, heute Plaza de la Constitución genannt. *Metro: Zócalo*

ESSEN & TRINKEN

EL MORRAL [O]

Ein reich verziertes Kolonialhaus, innen mit alten, handgeformten Talavera-Kacheln. Mexikanische Küche und Tortillabäckerei. *Allende 2/Plaza Hidalgo | Metro: Coyoacán | Tel. 0155/55 54 02 98* | €€

MUMEDI ▸▸ [U F3] Insider Tipp

Alternatives Künstlerambiente, Designbücher und Kunstreproduktionen im 1. Stock, dazu Kaffee, Kuchen und Snacks. *Madero 74 | Metro: Zócalo | Tel. 0155/55 10 87 71 | www.mumedi.org* | €

LA ÓPERA [U E3]

Eine Legende: Hier hat schon Pancho Villa gespeist und einen Revolverschuss in der Decke hinterlassen. Gute, bodenständige Küche in holzgetäfeltem Raum. Auch für den Nachmittagstee zu empfehlen. *5 de Mayo 10 | Metro: Bellas Artes | Tel. 0155/55 12 89 59* | €€€

CAFÉ EL POPULAR [U E3]

Ein Dauerbrenner in der Gastroszene der Hauptstadt: Vom Frühstück bis spät in die Nacht gibt es köstliche mexikanische Spezialitäten. *5 de Mayo 52 | Metro: Allende | Tel. 0155/55 18 60 81* | €

SANBORNS [U E3] Insider Tipp

Das Restaurant befindet sich im großen, überdachten Innenhof des historisch bedeutsamen Stadtpalasts Casa de los Azulejos. Stuck- und goldüberladen, mit reichem Angebot an mexikanischen Gerichten. *Madero 4 | Metro: Bellas Artes | Tel. 0155/55 10 96 13* | €€

CAFÉ DE TACUBA [U E3]

Spezialität des typisch mexikanischen Restaurants von 1912 mit Belle-Époque-Einrichtung und bemalten Kachelwänden sind *enchiladas, carne asado* und *chiles rellenos*. Das Café ist ein bei Einheimischen beliebter Treffpunkt. *Tacuba 28 | Metro: Bellas Artes | Tel. 0155/55 14 49 50* | €€

EINKAUFEN

BAZAR SÁBADO [O]

Jeden Samstag im schönen Stadtteil San Ángel. Reichhaltig ist das Angebot an Malereien und Handarbeiten an der *Plaza El Carmen* und *Plaza San Jacinto. Kein Metroanschluss, Microbus („Sábado") auf der Avenida Insurgentes Sur*

LA CIUDADELA [U D4]

Großes Kunsthandwerkszentrum mit unterschiedlichen Geschäften. *Plaza de la Ciudadela, Balderas/Ayuntamiento | Metro: Balderas*

FONART [U E3]
Am Alamedapark liegt eines der regierungseigenen Fonart-Geschäfte mit festen Preisen und exporterfahrenen Verkäufern. Eine weitere Filiale liegt in der *Reforma 166 (Ecke Milan |* [U C4] | *Metro: Insurgentes). Avenida Juárez 89 | Metro: Bellas Artes*

ÜBERNACHTEN

Insider Tipp **CATEDRAL** [U F3]
Hinter der Kathedrale, teilweise schöne Zimmer, Dachgarten mit Blick auf Kirche und Nationalpalast. *116 Zi. | Donceles 95 | Metro: Zócalo | Tel. 0155/55 18 52 32 | www.hotelcatedral.com* | €€

EL SALVADOR [U F4]
Schöne Zimmer in der Nähe des Zócalo. *52 Zi. | República de El Salvador 16 | Metro: Zócalo | Tel. 0155/55 21 10 08 | www.hotelelsalvador.com* | €

FOUR SEASONS [U B4]
Von außen Understatement, erst drinnen offenbaren sich die Größe und der Charme des palastartigen Gebäudes mit Cafés, Pianobars und Restaurants im herrlichen Patiogarten. Schöner Außenpool und ein gut ausgestattetes Spa hoch über dem Viertel. Viele Zimmer mit phantastischem Blick auf den Alamedapark. *240 Zi. | Reforma 500 | Colonia Juárez | Metro: Chapultepec | Tel. 0155/52 30 18 18 | www.fourseasons.com/mexico* | €€€

HOLIDAY INN ZÓCALO [U F3]
Moderne, etwas gesichtslose, kleine Zimmer, dafür aber in einmaliger Lage am Zócalo in einem historischen Haus. Ein Restaurant befindet sich auf dem Dach vor einer grandiosen Kulisse. *112 Zi. | 5 de Mayo/Zócalo | Metro: Zócalo | Tel. 0155/55 21 21 21 | www.holidayinn.de* | €€

Noch verhält sich der Vulkan Popocatépetl, der zweithöchste Berg Mexikos, ruhig

MONTECARLO [U F4]
Kein Luxus, aber billige Zimmer mit Bad in exzellenter Lage im historischen Zentrum. Die Insider Tipp Zimmer ganz oben und nach hinten sind die besten. *60 Zi. | Avenida Uruguay 69 | Metro: Zócalo | Tel. 0155/55 21 25 59 | €*

AM ABEND

Das Magazin *Tiempo Libre* (wöchentlich, 9 Pesos) bietet das komplette Abendprogramm der Hauptstadt und vieles mehr. *www.tiempolibre.com.mx*

PASAGÜERO (Insider Tipp) [U F3]
Treffpunkt für Touristen, Abenteurer und Künstler aus aller Welt bei Rock und Pop. *Motolinía 33 (zwischen Madero und 16 de Septiembre) | Metro: Allende | www.pasaguero.com*

LUCHA LIBRE (Insider Tipp) [U F3]
Die US-Amerikaner lieben Wrestling, die Mexikaner *Lucha-Libre*-Kämpfe. Die maskierten Freistilringer geben ihre Identität nicht preis. *Di 19.30 Uhr | Arena Coliseo (Avenida República del Perú/Altuna) | Metro: Allende | www.cmll.com, www.arenamexico.com.mx*

PALACIO DE BELLAS ARTES [U E3]
Im Palast der schönen Künste, einem Jugendstilgebäude mit *murales* der bedeutendsten Maler des Lands, tanzt das „Ballet Folklórico". Kartenvorbestellung ist ratsam. *Vorstellungen So und Mi 20, So auch 9.30 Uhr | Lázaro Cárdenas/5 de Mayo | Metro: Bellas Artes | Tel. 0155/55 12 25 93 | www.balletamalia.com*

AUSKUNFT

Die Zentrale in der *Avenida Presidente Masaryk 172 ([0] | Tel. 01800/006 88 39)* hat kaum Informationsmaterial. Infokioske finden Sie u. a. am Flughafen, am Anthropologischen Museum, an der Basílica de Guadalupe, am Paseo de la Reforma, vor dem Palacio de Bellas Artes und beim Templo Mayor.

ZIELE IN DER UMGEBUNG

CUERNAVACA [166 B4]
Ein frühlingshaftes Klima und bummelnde Sprachstudenten prägen die 700 000-Ew.-Stadt 85 km südlich. Glanzpunkt ist der *Palacio de Cortés* (1529) mit Wandbildern von Diego Rivera.

POPOCATÉPETL [166 B4]
Der zweithöchste Berg Mexikos (5465 m) liegt etwa 85 km südöstlich der Hauptstadt. In den letzten Jahren gab es wiederholt Anzeichen für einen möglicherweise bevorstehen-

den Ausbruch; der Aufstieg ist daher zurzeit nicht möglich. Erkundigen Sie sich beim mexikanischen Fremdenverkehrsamt oder im Touristenbüro von Mexiko-Stadt über die aktuelle Situation. Bis auf 3700 m Höhe *(Las Hamacas,* mit Unterkunft und Restaurant) führt eine Straße.

Erst im 20. Jh. entdeckt: die großen Steinfiguren von Tula, einer Kultstätte der Tolteken

TEOTIHUACÁN ★ **[166 B3]**

Für die Besichtigung dieser 50 km nordöstlich gelegenen, großen und bedeutenden Pyramidenanlage *(tgl. 7–18 Uhr),* errichtet vom 4. Jh. vor bis 650 n. Chr., sollten Sie mindestens einen halben Tag einplanen. Nachdem der Haupteingang passiert ist (beim Museum), gelangt man südlich zur Zitadelle. Achten Sie vor allem auf die Masken des Regengotts Tláloc und der gefiederten Schlange am Sockel des Quetzalcoátl-Tempels.

Architektonischer Höhepunkt der Stätte ist die *Sonnenpyramide* in der über 40 m breiten Straße der Toten *(Camino de los Muertos),* ein gewaltiges, 63 m hohes Bauwerk, auf das breite Treppen führen. Da zur Entstehungszeit weder Zugtiere noch das Rad bekannt waren, mussten die für den Bau erforderlichen 2,5 Mio. t Erde und Stein von Lastenträgern herbeigeschafft werden. Mindestens zwei Jahrzehnte müssen die Arbeiten an dem Bauwerk gedauert haben, errechneten Archäologen – allerdings nur unter der Voraussetzung, dass mindestens 2000 Arbeiter rund um die Uhr am Werk waren.

Von der Sonnenpyramide genießt man den besten Blick auf die gesamte Anlage. Ganz im Norden erhebt sich der prächtige Palast der Quetzal-Schmetterlinge *(Palacio del Quetzal-*

papálotl), so benannt nach den dortigen Malereien. Er liegt am Platz der Mondpyramide *(Pirámide de la Luna)* mit vier weiteren pyramidenförmigen Bauwerken.

2004 entdeckten Archäologen im Fundament der Mondpyramide eine Grabkammer mit zwölf menschlichen Skeletten und zahlreichen Grabbeigaben wie Schmuck und dem Mosaik einer menschlichen Figur sowie Tierskeletten, u. a. von Pumas und Adlern.

Sie erreichen die Stätte über die U-Bahn-Station Central del Norte. Von dort verkehren Busse verschiedener Gesellschaften halbstündlich (Fahrzeit 60 bis 90 Minuten) mit mehreren Stopps entlang der archäologischen Stätte. Wer über Nacht bleibt, findet Unterkunft im nahe gelegenen, schönen Hotel *Villas Arqueológicas (43 Zi. | Tel. 01594/956 09 09 | www.villasarqueologicas.com.mx | €€)* in *San Juan Teotihuacán* am Südrand der Zona Arqueológica.

TULA [166 B3]

Die archäologische Stätte etwa 90 km nordwestlich ist berühmt wegen vier 4,60 m hoher Steinatlanten, die ursprünglich das Dach des Morgensterntempels trugen und sich heute auf der Plattform der Pyramide befinden. Die Statuen, jeweils aus vier Teilen bestehend, stellen bewaffnete Krieger dar. Die 1938 entdeckte Stätte war einst für fast drei Jahrhunderte das religiöse Zentrum der Tolteken.

Zunächst passieren Sie einen ungewöhnlich großen, 67 × 12,5 m messenden Ballspielplatz *(Juego de Pelota)* und sehen von dort schon die Hauptattraktion, die 10 m hohe *Stufenpyramide des Quetzalcóatl* mit den Atlanten. Werfen Sie auch einen Blick in den sich anschließenden „Verbrannten Palast" *(Palacio Quemado),* in dessen mittlerem Hof zwei Chac-Mool-Statuen sowie Reste der ursprünglichen Bemalung zu bewundern sind. *Tgl. 9–17 Uhr*

XOCHIMILCO [166 B3]

Beliebter Wochenendausflug der Hauptstädter: die „schwimmenden Gärten" *(chinampas)* 20 km südöstlich. Wo die Azteken auf schwimmenden, mit Flussschlamm gefüllten

> BLOGS & PODCASTS

Gute Tagebücher und Files im Internet

- **www.mexico-mexiko.com** – Die Mexiko-Community bietet auf Deutsch unterschiedliche Foren und viele Informationen über das Land.
- **www.travelblog.org/North-America/Mexico/** – Hunderte von privaten Reiseberichten, die meisten auf Englisch; viele mit Fotos versehen.
- **www.mexperience.com/blogs** – Englischsprachige Tagebücher warten hier auf Interessierte.
- **http://migrationsblog.swr.de/category/mexiko** – Podcast vom Südwestrundfunk zur Binnenmigration von Mexikanern in die boomenden Tourismusregionen von Yucatán.

Für den Inhalt der Blogs & Podcasts übernimmt die MARCO POLO Redaktion keine Verantwortung.

Anbauflächen einst Gemüse zogen, schippern heute Ausflügler durch ein verschlungenes System von Wasserwegen. Buchen Sie einen Sitzplatz in einem der vielen bunten Stocherkähne *(trajinera)* und genießen das folkloristische Ambiente auf dem Wasser. Auf den Booten wird zu den Klängen von *mariachi*-Bands, die ebenfalls auf den Kanälen kreuzen, gepicknickt. *Metro 2 bis Tasqueña, dann tren ligero (Straßenbahn) bis Xochimilco Embarcadero | 60 Min. 15–25 Euro/Boot, 30 Min. Mitfahrt 2,50 Euro/Person*

MORELIA

[165 E4] **Mexikos „goldenes Dreieck" bilden die Städte Puebla, Querétaro und Morelia.** Unter Denkmalschutz steht die gesamte Altstadt Morelias (1 Mio. Ew.), die aus sorgfältig restaurierten Herrenhäusern mit arkadenumkränzten Patios, mächtigen Kirchen und blumenbestandenen *plazas* besteht. Typisch für die architektonische Gestaltung Morelias war die Verwendung von rötlich schimmerndem Sandstein. Morelia ist die Hauptstadt des gebirgigen Bundesstaats Michoacán, einer an altindianischen Traditionen wie an landschaftlichen Schönheiten (Seen und Wälder) reichen Region.

SEHENSWERTES

ACUEDUCTO COLONIAL

Vom Bosque Cuauhtémoc verläuft über 1,5 km der historische Aquädukt (1785 erbaut). Einst lieferte er den Bewohnern das Wasser aus den Bergen. Seine 230 bis zu 9 m hohen Bögen aus rosa schimmerndem Sandstein werden nach Sonnenuntergang angestrahlt.

CASA DE LA CULTURA

1619 als Karmeliterkloster erbaut, gehört das Bauwerk zu den ältesten

Rushhour im Stocherkahn: Hochbetrieb in den „schwimmenden Gärten" von Xochimilco

und beeindruckendsten der Stadt und ist heute ein Kulturzentrum mit Gemäldegalerie, Kunst- und Maskenausstellungen sowie Konzerten und Veranstaltungen. *Tgl. 10–20 Uhr | Ex-Convento del Carmen | Avenida Morelos Norte 485*

CASA NATAL DE JOSÉ MARÍA MORELOS
Im Geburtshaus des Freiheitskämpfers werden zahlreiche Erinnerungsstücke und historische Dokumente aufbewahrt. *Tgl. 9–19 Uhr | Corregidora 113/Avenida García Obeso*

CATEDRAL
Ihre barocke Fassade erhielt die 1640 errichtete Kathedrale erst im 18. Jh., im Inneren gilt sie als ein Musterbeispiel des mexikanischen Churriguerastils. Besonders prächtig sind die großen Türen. *Zwischen Plaza de los Mártires und Plaza de Armas*

MUSEO DE ARTE COLONIAL
Koloniale Möbel und mexikanische Kolonialkunst des 16.–18. Jhs. in einem alten Herrenhaus, dazu eine Ausstellung antiker Kreuze sowie Skulpturen aus dem für Morelia typischen rötlichen Stein. *Di–So 9–19, So 9–14 Uhr | Benito Juárez 240/Tapia*

MUSEO DEL ESTADO
Archäologische Ausstellungen zur indianisch geprägten Kultur Michoacáns. *Mo–Fr 9–14, Sa/So 9–14 und 16–19 Uhr | Guillermo Prieto 176*

Insider Tipp **MUSEO REGIONAL MICHOACANO**
Das überreich dekorierte Herrenhaus (18. Jh.) beherbergt ein Museum zur Geschichte des Bundesstaats mit präkolumbischen Exponaten sowie eine Kunstgalerie mit Kolonialmöbeln. *Di–Sa 9–19, So 9–14 Uhr | Allende 305/Avenida Abasolo*

Wandgemälde von Alfredo Zalce schmücken das Treppenhaus im Palacio del Gobierno

PALACIO DE GOBIERNO
Der 1732 erbaute Palast mit einer auf den ersten Blick verwirrenden Anordnung von Treppenaufgängen, Patios und Arkaden ist geschmückt mit zahlreichen *murales* des mexikanischen Künstlers Alfredo Zalce. *Mo–Sa 8–19 Uhr | Avenida Madero Oriente*

PLAZA DE LOS MÁRTIRES
Der Hauptplatz der Stadt, umstanden von kolonialen Palästen, Arkadengängen und Lorbeerbäumen, sprüht vor Leben. Von hier erkundet man zu Fuß die Stadt; die Straßen gehen im Schachbrettmuster in alle Richtungen ab. Die in Ost-West-Richtung verlaufende Avenida Madero ist die Lebensader der Altstadt. Nahezu alle Sehenswürdigkeiten liegen ganz in ihrer Nähe.

ESSEN & TRINKEN

Charakteristisch für Morelia sind die Patiorestaurants in ehrwürdigen Gebäuden. Sehr schön sitzt man z. B. unter den Arkaden der Posada de la Soledad.

01443/312 13 40; Avenida Camelinas 3100 | Tel. 01443/324 40 67 | €

EL CHURRO

Bar mit Tacos und anderen köstlichen Kleinigkeiten, beliebt bei jungen Leu-

Rötlicher Sandstein prägt die denkmalgeschützten Gebäude in Morelia

Insider Tipp

LA CASONA DE LAS ROSAS

Cocktails und mexikanische Küche, auch Spezialitäten aus Michoacán, besonders stilvoll im Freien an einem autofreien Platz, auf dem Künstler ihre Werke anbieten. *Guillermo Prieto 125 | Tel. 01443/312 38 67 |* €€

CENADURÍA LUPITA

Familienrestaurant mit Imbiss und Menüs aus regionaler Küche. Zwei Filialen: *Sánchez de Tagle 1004 | Tel.*

ten; sehr empfehlenswert. *Lázaro Cárdenas 2279 a | Colonia Chapultepec Norte | Tel. 01443/314 42 55 |* €

FONDA LAS MERCEDES

Der Künstler und Küchenchef Sergio Álvarez tischt in seinem Domizil beste mexikanische Gerichte auf – in einem Patio, der mit Masken, Säulen, Gemälden, Palmen und einer Pferdetränke die Phantasie beflügelt. *León Guzmán 47 | Tel. 01443/312 61 13 |* €€€

LAS TROJES
Lebhaftes Familienrestaurant mit guter regionaler Küche und Grillspezialitäten. *Juan Sebastián Bach 51 | La Loma | Tel. 01443/314 73 44* | €€

EINKAUFEN

Das Kunsthandwerk Michoacáns ist vielfältig: Von den *indígenas* stammen herrliche Web- und Lackarbeiten, Korbflechtereien und Töpferarbeiten; breit ist auch das Angebot an Kupferwaren und Holzarbeiten.

CASA DE LAS ARTESANÍAS DEL ESTADO DE MÍCHOACÁN
Das Franziskanerkloster aus dem 16. Jh. lohnt einen Besuch: Hier zeigt man eine exzellent aufbereitete Ausstellung von Kunsthandwerk mit authentischen Produkten Michoacáns. Museum für Kunsthandwerk im ersten Stock. *Tgl. 9–15 und 16.30–20 Uhr | Plaza Valladolid/Avenida Humboldt/Fray Juan de San Miguel 129*

ÜBERNACHTEN

EL CARMEN
Haus in neokolonialem Stil, zentrale Lage, freundliches und hilfsbereites Personal, junges Publikum. *30 Zi. | Calle Eduardo Ruiz 63/Benito Juárez | Tel. 01443/312 17 25 | www.hotel-elcarmen.com.mx* | €

CASA SAN DIEGO
Mittelklasse in bester Lage: Suiten und gepflegte Komfortzimmer. Besonderes Plus: die stimmungsvolle, große Bar mit Blick auf den historischen Aquädukt. *10 Zi. | Calzada Fray Antonio de San Miguel 228 | Tel. 01443/343 06 60 | www.casasandiego.com.mx* | €€

CATEDRAL
Stilvolles Kolonialhaus mit umlaufenden Galerien im überdachten Patio und einmaliger Lage gegenüber der Plaza de Armas und der Kathedrale. *45 Zi. | Ignacio Zaragoza 37 | Tel. 01443/313 04 06 | www.hotelcatedralmorelia.com* | €€

RINCÓN TARASCO
Zentrale Lage, große Zimmer mit TV und Ventilator, Parkplatz am Haus. *35 Zi. | Guadalupe Victoria 330 | Tel./Fax 01443/317 38 88 | www.mexonline.com/rincon-tarasco.htm* | €

SUITES SAN MIGUEL
Gegenüber der Kathedrale: acht Luxussuiten mit offenem Kamin und Ausblick, bestes französisches Restaurant und stilvolle Bar. *Morelos Sur 71 | Tel. 01443/312 01 22 | www.suitessanmiguel.com* | €€€

AUSKUNFT

Avenida Tata Vasco 80/Hospitales | Colonia Vasco de Quiroga | Tel. 01443/317 80 52 | www.morelia.gob.mx

ZIEL IN DER UMGEBUNG

LAGO DE PÁTZCUARO [165 E4]
60 km westlich liegt eingebettet in eine grüne Hügellandschaft, und umgeben von Vulkanen der Lago de Pátzcuaro, einer der schönsten Seen des Landes. Nur noch für Fotografen posieren die Fischer mit ihren auffällig großen Schmetterlingsnetzen, die auch die 50-Peso-Banknote zieren. Für 40 Pesos bringt Sie eine *lancha* auf die *Insel Janitzio.* Neben Souvenirshops und einfachen Restaurants erwartet Sie dort auf der Spitze

des Bergs die *Statue* von José María Morelos. In ihrem Inneren führt eine Treppe bis ganz nach oben und eröffnet einen phantastischen Blick auf die Berglandschaft.

Insider Tipp

3 km vom See entfernt liegt die gleichnamige Kolonialstadt mit niedrigen, weiß getünchten Häusern. Viele beherbergen Hotels und Restaurants, Boutiquen und kleine Läden, denn ein Großteil der Bevölkerung (Purépecha, auch Tarasken genannt) lebt recht gut von der Herstellung und dem Verkauf von Kunsthandwerk. Besuchen Sie die *Plaza Vasco de Quiroga,* benannt nach einem spanischen Bischof, der sich im 16. Jh. für die Indianer einsetzte. Prächtige Häuser umgeben den Platz. Unterkunft im Kolonialstil im Hotel *Mansión de los Sueños (12 Zi. | Ibarra 15 | Tel. 01434/342 57 08 | www.mansiondelossuenos.com | €€€),* einem Prachtpalast des 17. Jhs. Dessen Besitzerin aus den USA restaurierte das Anwesen mit erlesenem Kunstgeschmack und schuf damit das erste Fünfsternehotel in Pátzcuaro. Im braunen, im Adobestil getünchten Restaurant genießen Sie die beste Küche der Region. Die Zimmer und Suiten sind mit alten Ölbildern, Antiquitäten und handgefertigten Himmelbetten, die Bäder mit Talaverakacheln ausgestattet. *www.patzcuaro.com*

Insider Tipp

PUEBLA

[166 B3–4] **Die fast 2,5 Mio. Ew. zählende Stadt kann sich rühmen, die meisten Kirchen des Landes zu besitzen.** In 2162 m Höhe gelegen, wird Puebla gleich von vier meist schneebedeckten Vulkanen flankiert: Popocatépetl und Ixtaccíhuatl an der Westseite, La Malinche im Norden und Pico de Orizaba im Osten.

Das weitläufige, in spanischem Schachbrettstil angelegte Zentrum der Stadt steht unter Denkmalschutz. Zahlreiche Häuser sind mit handbemalten Talaverakacheln geschmückt. Die farbenfrohen Fliesen bescherten der 1531 gegründeten Kolonialstadt

Wer die Statue auf der Insel Janitzio erklimmt, genießt einen tollen Bergblick

ihren frühen Reichtum und prägen noch heute den Charakter Pueblas, das übrigens auch Sitz des weltweit größten Volkswagenwerks ist.

SEHENSWERTES

CASA DEL ALFEÑIQUE

Bereits das Äußere ist sehenswert. „Mandelkuchenhaus" nennen es die Einwohner, weil es ganz mit rotbraunen Kacheln verziert ist. Prächtige Stuckornamente umgeben die Fenster und Türen. Das Haus beherbergt das *Museo Regional,* u. a. mit regionalen Trachten. *Di–So 10–17 Uhr | Avenida 4 Oriente 416/Calle 6 Norte*

CASA DE LA CULTURA

Das ehemals bischöfliche Palais beherbergt heute ein Kulturzentrum und die *Biblioteca Palafoxiana,* die älteste Lateinamerikas, mit mehr als 50 000 Bänden, alten Globen und Landkarten, antiken Marmorfußböden und geschnitzten Regalen aus Edelholz. *Di bis So 10–17 Uhr | Avenida 5 Oriente 5 (hinter der Kathedrale)*

CASA DE MUÑECAS

Das „Puppenhaus" ist eines der auffälligsten Häuser der Stadt. Der für Puebla typische Zuckerbäckerstil fand hier seine höchste Vollendung. *Calle 2 Norte/Avenida Camacho (Nähe Zócalo)*

CATEDRAL

Die Schatzkammer der Stadt ist eine der kunsthistorisch bedeutendsten Kirchen des Landes. Im Inneren viel Marmor und Onyx sowie mit Blattgold verzierte Altäre. *Tgl. 7–13 und 16–19.30 Uhr | Avenida 16 de Septiembre (Südseite des Zócalo)*

CONVENTO DE SANTA MÓNICA

Dutzende Ausstellungsräume dokumentieren das heimliche Leben der Augustinerinnen. Trotz Säkularisierung und Verbot im 19. Jh. betrieben die Nonnen die Klosteranlage bis in die Dreißigerjahre des 20. Jhs. *Di–So 10–17 Uhr | Avenida 18 Poniente 103/ Calle 5 de Mayo*

MUSEO BELLO

Ausstellung antiker Talaverakacheln aus vier Jahrhunderten in einem Haus, das auch eine Kunstgalerie beherbergt. *Di–So 10–17 Uhr | Calle 3 Sur/Avenida 3 Poniente 302*

SANTO-DOMINGO-KIRCHE

In der Stadt der Kacheln wurden auch die Kirchen dementsprechend ausgestattet. Das Innere des 1569 errichteten Bauwerks ist mit blauen und gelben Mosaikkacheln verziert. *5 de Mayo/Avenida 6 Oriente*

ESSEN & TRINKEN

ANTOJITOS LOS PORTALES

Köstliche Häppchen *(antojitos)* unter alten Arkaden. *8 Oriente 418 | Tel. 01222/246 35 89* | €

FONDA DE SANTA CLARA

Mexikanische Küche nach alter Tradition, in Puebla gleich zweimal zu Hause: *Avenida 3 Poniente 307 | Tel. 01222/242 26 59; Avenida 3 Poniente 920 | Tel. 01222/246 19 19| www.fondadesantaclara.com* | €€

MESÓN SACRISTÍA DE LA COMPAÑÍA

Insider Tipp

Das Hotelrestaurant lädt in einen antiken Salon oder in den traditionellen Patio. Geboten wird mexikanische Gourmetküche. Reservieren! *6 Sur*

304/Callejón de los Sapos | Tel. 01222/242 35 54 | www.mesones-sacristia.com | €€€

EINKAUFEN

MERCADO PARIÁN

Lokales Kunsthandwerk, große Auswahl an Keramiken und Kachelarbeiten. *Calle 6 Norte/Avenida 2–4 Oriente*

PLAZUELA DE LOS SAPOS

Die kleine *plaza* bietet Antiquarisches aller Art. Sonntags findet hier ab 10 Uhr ein Insider Tipp Flohmarkt für Antiquitäten statt. *5 Oriente/6 Sur*

ÜBERNACHTEN

CAMINO REAL

Restauriertes Kloster aus dem 16. Jh. mit antiken Möbeln und verschwiegenen Patios mitten in der kolonialen Altstadt. *84 Zi. | 7 Poniente 105 | Tel. 01222/229 09 09 | www.caminoreal.com/puebla | €€€*

PALACE

Insider Tipp Äußerlich recht stilvolles Haus im Zentrum mit eigenem Parkplatz, drinnen etwas in die Jahre gekommener Charme. Das beliebte Restaurant *El Ranchito* serviert regionale Küche. *60 Zi. | 2 Oriente 13 | Tel. 01222/232 24 30 | www.hotelpalace.com.mx | €*

ROYALTY

Das komfortable Haus finden Sie in einem restaurierten Kolonialgebäude am Zócalo in sehr günstiger Lage mit Parkplatz. Zu empfehlen ist auch das hoteleigene Restaurant mit großer Terrasse. *45 Zi. | Portal Hidalgo 8 | Tel. 01222/242 47 40 | www.hotelr.com | €€*

AUSKUNFT

Casa de la Cultura | Avenida 5 Oriente 3 | Tel. 01222/246 20 44 | www.puebla.gob.mx

Pueblas Zentrum mit kachelgeschmückten Häusern steht unter Denkmalschutz

ZIELE IN DER UMGEBUNG

CHOLULA [166 B3–4]

Das Wahrzeichen des nur 8 km westlich von Puebla gelegenen Cholula (35 000 Ew.) ist ein riesiger, grasbewachsener Hügel, auf dessen Spitze eine katholische Kirche steht. 1931 entdeckte man darunter eine der größten *Pyramiden* Amerikas, 65 m hoch. Nur die Westseite ist ausgegraben und rekonstruiert. Durch einen niedrigen, engen und winkligen Gang gelangt man an die zahlreichen Überbauungen *(Di–So 10–17 Uhr).* Kirchenliebhaber sind begeistert von der nahe gelegenen Kirche *Santa María de Tonantzintla,* an deren reich verziertem Inneren indianische Künstler fünf Jahrzehnte lang arbeiteten.

CUETZALÁN DEL PROGRESO [166 C3]

180 km nordöstlich von Puebla liegt umgeben von Kaffeeplantagen das malerische Bergdorf Cuetzalán, Zentrum von Nahua- und Totonakenindianern. Häufige Regenfälle schufen eine üppig grünende Umgebung, die im Kontrast steht zur gepflegten Kolonialatmosphäre der 1547 gegründeten Siedlung. Eine empfehlenswerte Adresse für die Nacht ist die *Posada Cuetzalán (35 Zi. | Zaragoza 12 | Tel. 01233/331 01 54 | www.posadacuetzalan.com | €),* ein weiß gekalktes Anwesen im Zentrum mit Veranda vor den Zimmern und kleinem Schwimmbad. Für Naturfreunde gibt es geführte Wanderungen und Exkursionen.

PICO DE ORIZABA [166 C3–4]

Nicht der im Ausland viel bekanntere Popocatépetl ist Mexikos höchster Berg, sondern der schneebedeckte, 5760 m hohe Vulkan Orizaba, auch Citlaltépetl genannt, an der Ostgrenze des Bundesstaats Puebla.

QUERÉTARO

[165 E3] **Das von der Unesco als Welterbe geschützte koloniale Querétaro (1,2 Mio. Ew.) ist die Hauptstadt des gleichnamigen Bundesstaats.** Besucher der 1865 m hoch gelegenen Stadt erwaten eine freundliche Atmosphäre und ein andalusisch geprägtes Zentrum. Die Mischung von bunten Häusern, blumengeschmückten *plazas,* schattigen Patios und Arkadengängen, kolonialen Palästen und barocken Kirchen macht die Stadt sehr anziehend.

SEHENSWERTES

ACUEDUCTO DE QUERÉTARO

Um Wasser von der 2 km entfernten Quelle herbeizuschaffen, mussten 74 gewaltige Rundbögen, teilweise bis zu 30 m hoch, errichtet werden. Das Wahrzeichen der Stadt wird abends prächtig illuminiert und kann vom Aussichtspunkt in der Calzada de los Arcos östlich des historischen Zentrums in seiner ganzen Länge betrachtet werden.

CASA DE LA CORREGIDORA

Dieses Haus *(Palacio de Gobierno)* kennt in Mexiko jedes Schulkind. Hier lebte Josefa Órtiz, Corregidora genannt, die Frau des Bürgermeisters. Als sie hörte, dass die Pläne zum Widerstand gegen die Spanier verraten worden waren, warnte sie in der gleichen Nacht des Jahres 1810 Pater Hidalgo. Der ließ im Dörfchen Dolores die Kirchenglocken läuten und rief zum sofortigen Kampf gegen die

Kolonialherren. *Mo–Fr 9–19, Sa/So 10–14 Uhr | Andador 5 de Mayo/ Pasteur (Plaza de Armas)*

CASA DE LA ZACATECANA
In dem Gebäude aus dem 17. Jh. werden mehr als 600 Kunstobjekte – Gemälde, Skulpturen, Uhren – aus drei Jahrhunderten gezeigt. *Di–So 10 bis 18 Uhr | Independencia 59 | www.museolazacatecana.com*

CONVENTO DE LA CRUZ
Die Klosteranlage (16. Jh.) mit sieben Innenhöfen gehört zu den ältesten kirchlichen Bauwerken Mexikos. *Nur mit Führung Di–Sa 9–14 und 16–18, So 9–16 Uhr | Avenida Independencia (östlich des Zentrums)*

MUSEO REGIONAL
Im Ausgangsort der mexikanischen Unabhängigkeitsbewegung ist das Museum, das ausführlich über die Geschehnisse informiert, untergebracht im ehemaligen Kloster San Francisco. *Di–So 10–19 Uhr | Corregidora Sur 3/Jardín Zénea*

ESSEN & TRINKEN

Insider Tipp

COMEDOR VEGETARIANO NATURA ▶▶
Naturkostliebhaber speisen in einem stilvollen Kolonialhaus preiswerte vegetarische Gerichte. *Calle Vergara Sur 7 (Nähe Jardín Zénea) | kein Tel.* | €

HARRY'S NEW ORLEANS CAFÉ & OYSTER BAR
Restaurant und Bar mit moderner, kreolischer Küche. Gepflegtes Ambiente, dezente Jazzmusik. *Juárez Sur 7/Plaza de la Constitución | Tel. 01442/214 26 20* | €€

MESÓN DE LA CORREGIDORA
Insider Tipp

Einfache mexikanische Gerichte, schmackhaft und sympathisch. Mittags essen hier viele Einheimische, die das täglich wechselnde, preiswerte Fünfgängemenü schätzen. *16 de Septiembre 16 b/Plaza de la Corregidora Tel. 01442/212 07 84* | €

EINKAUFEN
Von Donnerstag bis Montag werden in der Fußgängerzone des Zentrums *(Avenida Corregidora/Andador Libertad)* Marktstände aufgebaut, an denen man allerlei Kunstgegenstände und Souvenirs findet. Ein Sonntagsflohmarkt ist der *Mercado de la Cruz (Gutiérrez Nájera nördl. des Zentrums)* neben der Markthalle beim Templo de la Cruz.

ÜBERNACHTEN

HACIENDA JURICA
Insider Tipp

Die historische Hacienda aus dem 16. Jh. mit einer eigenen Kapelle bezaubert als stilvolles Landhaushotel. Gäste, die mitunter auf dem Helikopterplatz landen, genießen den großen Pool, Golf und Tennis. *182 Zi. | Paseo Jurica/Paseo del Mesón (15 km nordwestl.) | Tel. 01442/218 00 22 | www.brisas.com.mx* | €€€

HOLIDAY INN CENTRO HISTÓRICO
Schnörkelloser Komfort im historischen Zentrum. Mit Pool, Tennis, Fitness und Kidsclub. *217 Zi. | 5 de Febrero 110 | Tel. 01442/192 02 02 | www.holiday-inn.com/queretaromex* | €€

MESÓN DEL OBISPADO
Insider Tipp

Einfache Zimmer und Ausstattung in einem wunderschönen Bauwerk: Der ehemalige Bischofssitz aus dem 18.

Jh. liegt zentral, aber ruhig in einer Fußgängerzone. *16 Zi. | Andador 16 de Septiembre 13 | Tel. 01442/224 24 64 | Obispado@correoweb.com* | €

POSADA MESÓN COLONIAL

Einfache Herberge in zentraler Lage. Die Zimmer (auch mit Bad) zur Straße sind laut. *14 Zi. | Benito Juárez 19 Sur | Tel. 01442/212 02 39* | €

Immer gut für ein Päuschen: der Rand des Brunnens in der Avenida 5 de Mayo in Querétaro

AUSKUNFT

Pasteur Norte 4/5 de Mayo | Tel. 01442/238 50 67 | www.queretaro-mexico.com.mx

SAN MIGUEL DE ALLENDE

[165 E3] **Als wäre die Zeit stehen geblieben: Enge, gepflasterte Gassen werden von altspanischen Häusern im Patiostil gesäumt.** Über die auf 1900 m an einem Berghang gelegene Stadt (140 000 Ew.) wacht seit 1926 der Denkmalschutz. Bereits seit Jahrzehnten ist das lebhaft-stilvolle San Miguel Ziel von nordamerkanischen Malern und Pensionären. Die Kunstakademie genießt internationales Renommee.

SEHENSWERTES

CONVENTO LA CONCEPCIÓN

Das Kloster aus dem 18. Jh. beherbergt das *Centro Cultural Ignacio Ramírez (El Nigromante)* Insider Tipp mit Kunstschule, Tanz- und Musikkursen sowie Kunstausstellungen. *Hernández Macías 75*

INSTITUTO ALLENDE

Die Casa de Solariega (1734), ein ehemaliger spanischer Landsitz, ist heute Sitz der Kunstakademie, die auch Sprach- und Sommerschulkurse für Jugendliche anbietet. Schöne Gärten, ein Café und offene Werkstätten lohnen den Besuch. *Ancha de San Antonio 20 | Tel. 01415/152 01 90 | www.instituto-allende.edu.mx*

MUSEO HISTÓRICO

Der Freiheitskämpfer Ignacio Allende y Unzaga (1779–1811) wurde in diesem barocken Wohnhaus geboren, das auch Exponate zur Unabhängigkeitsbewegung und präkolumbische Fundstücke zeigt. *Di–So 10–16 Uhr | Cuna de Allende 1 (Südwestecke der Plaza de Allende)*

PLAZA DE ALLENDE

Auf dem Hauptplatz der Stadt erschließt sich Ihnen der Zauber von San Miguel. Nehmen Sie Platz auf einer der eisernen Bänke, beschattet von Lorbeerbäumen, und genießen Sie den Logenblick auf Kolonialgebäude des 17. Jhs. und das Geschehen.

SAN-FRANCISCO-KIRCHE

Die kleine Plazuela San Francisco wird beherrscht von dem im 18. Jh. im Churriguerastil erbauten Gotteshaus; es gilt unter Kunsthistorikern als eines der besten Beispiele dieser mexikanischen Stilrichtung. Im Inneren neoklassizistische Ausstattung und wertvolle Gemälde. *Plazuela de San Francisco*

SAN-MIGUEL-KIRCHE (LA PARROQUIA)

Aus rosafarbenem Stein, mit üppig-skurrilen Formen, wurde die Kirche von einem indianischen Baumeister und nach dem Vorbild des Ulmer Münsters gebaut (um das Jahr 1890). *Plaza de Allende*

ESSEN & TRINKEN

LA CAPILLA

Hier stimmt alles: ein Gebäude aus dem 17. Jh. mit Blick auf Kirche und Berge, mexikanischer und internationaler Küche, Livemusik, Gartenterrasse und Kunstgalerie. Reservierung ratsam! *Cuna de Allende 10 | Tel. 01415/152 06 98* | €€€

Beliebte Pausenplätze: die Cafés rund um das Instituto Allende

LAS MUSAS

Nach einem Rundgang im Kloster La Concepción trifft man sich im Hof unter den Arkaden des kleinen Caférestaurants auf einen *café de olla* mit Zimtkuchen. *Hernández Macías 75 | Tel. 01415/152 49 46* | €

LA POSADITA

Dachgarten mit herrlichem Blick auf die Kirchen und Klöster der Stadt;

variationsreiche mexikanische Küche. *Cuna de Allende 13 | Tel. 01415/ 154 75 88* | €€

ÜBERNACHTEN

CASA CARMEN

Kleines Gästehaus mit Arkadengängen und Patio sowie großen, doch einfach möblierten Zimmern. *11 Zi. | Correo 31 | Tel. 01415/152 08 44* | €

DOS CASAS

Die großzügige koloniale Anlage beherbergt Suiten mit Jacuzzi um diverse Patios und Gärten; Bar im Dachgarten. *7 Zi. | Quebrada 101/Umarán | Tel. 01415/154 40 73 | www.doscasas.com.mx* | €€€

POSADA LA FUENTE

Insider Tipp

Man sitzt im Patio mit plätscherndem Brunnen oder im kleinen Restaurant. Großzügige Zimmer mit Kamin, der auf Wunsch auch befeuert wird. *14 Zi. | Ancha de San Antonio 57/Callejón de San Antonio | Tel./Fax 01415/ 152 06 29* | €

MANSIÓN VIRREYES

Hübsches Kolonialhaus einen Block von der Plaza mit großen, hohen Zimmern sowie schönen Holzbalken, Bogengängen und viel Komfort. Restaurant im Patio. *23 Zi. | Canal 19 | Tel. 01415/152 33 55 | www.hotelmansionvirreyes.com* | €€

HOTEL DEL PORTAL

Komfortable Unterkunft unter den Kolonnaden des Hauptplatzes mit prächtigem Blick vom Dachgarten des Café del Portal auf Platz und Kirche. *10 Suiten | Plaza Principal/ Portal Allende 8 | Tel. 01415/ 152 88 89 | www.hoteldelportalsanmiguel.com* | €€–€€€

VILLA MIRASOL

Insider Tipp

Ein entzückendes, familiär geführtes Boutiquehotel mit hervorragendem Preis-Leistungs-Verhältnis. Viel Liebe zum Detail zeichnet die Zimmer und die kleinen Patios und Aufenthaltsräume aus. Auf Wunsch werden tagsüber auch kleine Gerichte zubereitet. *12 Zi. | Pila Seca 35 | Tel. 01415/152 80 57 | www.villamirasolhotel.com* | €€

AUSKUNFT

Plaza de Allende 10 | Tel. 01415/ 152 09 00 | www.portalsanmiguel.com, www.infosma.com

Anschauungsobjekt für den spätbarocken Churriguerastil: Fassade von San Francisco

TAXCO

[165 F5] ★ **Schon Alexander von Humboldt war von Taxco begeistert. 1803 bezog der deutsche Gelehrte ein Haus in der Nähe des Zócalo.** Die denkmalgeschützte Silberstadt (170 000 Ew.) 170 km südlich von Mexiko-Stadt liegt in 1660 m Höhe zu Füßen der El-Atache-Berge. An die 1000 Silberschmiede sollen hier registriert sein, dazu gibt es rund 250 Silberläden.

Die Kolonialstadt bietet ein romantisches Bild. Weiße, mit roten Ziegeln gedeckte Häuser, koloniale Paläste, Gassen mit Kopfsteinpflaster und historische Brunnen beschwören das 18. Jh. herauf, die Zeit, als José de la Borda eine reiche Silbermine entdeckte und als Dank die Kirche Santa Prisca erbauen ließ. *Dios da a Borda, y Borda da a Dios* – „Gott gibt Borda, und Borda gibt Gott" – hieß sein Wahlspruch.

SEHENSWERTES

MUSEO DE ARTE VIRREINAL

Das einstige Domizil Alexander von Humboldts beherbergt heute ein Museum für religiöse Kunst. *Di–So 10 bis 17 Uhr | Juan Ruiz de Alarcón 12*

MUSEO GUILLERMO SPRATLING

William Spratling, ein US-Professor, half dem Silberhandwerk in Taxco um 1930 wieder auf die Sprünge. Zu sehen sind historische Gegenstände aus Silber ebenso wie Spratlings Sammlung präkolumbischer Kunst. *Di–So 9–17 Uhr | Porfirio Delgado 1/Plazuela Juan Ruíz de Alarcón hinter der Kathedrale*

SANTA-PRISCA-KIRCHE

Die Sandsteinbasilika – weithin sichtbar dank ihrer 48 m hohen Zwillingstürme – zählt zu den schönsten Barockkirchen Mexikos. Das Innere ist mit Gold verziert. *Plaza Borda*

Die markanten Zwillingstürme von Santa Prisca: barocke Skyline von Taxco

ZENTRALES HOCHLAND

ZÓCALO
Benannt ist die Plaza Principal von Taxco nach dem reichen Gönner der Stadt (Plaza Borda). Sie ist umgeben von kolonialen Palästen, darunter der *Palacio Borda,* der 1759 für Don José erbaut wurde und heute ein Kulturinstitut beherbergt.

ESSEN & TRINKEN

Insider Tipp
ACERTO
Bar und Lounge mit Internetplätzen und im ersten Stock eine große Terrasse mit prächtigem Blick auf die Kathedrale. Gute regionale Küche. *Plaza Borda 12 | Tel. 01762/ 622 00 64* | €€

DEL ANGEL INN
Das koloniale Haus neben der Kathedrale bietet von seinem Balkon einen Adlerblick auf die hügelige Silhouette der Stadt. Vorzügliche mexikanische Küche, freundliche Bedienung, günstige Preise. *Celso Múñoz 4 (neben der Kathedrale) | Tel. 01762/ 622 55 25* | €€€

LA CASONA
Mexikanische und internationale Gerichte serviert man im Kolonialhaus und auch auf der Terrasse mit Panoramablick über die schönen Dächer von Taxco. *Celso Múñoz 4 (neben der Kathedrale) | Tel. 01762/ 622 10 71* | €€

TÍA CALLA
In dieser *pozolera* genießen einheimische Familien ihre *pozole,* einen feurig-scharfen Eintopf aus Tomaten, Mais, Schweinefleisch, Chilis und Zwiebeln. *Plaza Borda 1 | Tel. 01762/622 56 02* | €

EINKAUFEN
Zwar sind die Preise für Silberwaren nicht viel niedriger als anderswo, die Auswahl ist jedoch riesig. Das Edelmetall wird zu Ringen, Ohrringen, Ketten, Gürteln und Schnallen verarbeitet, häufig verziert mit Korallen und Türkisen. In der Avenida Plateros findet samstags ein großer *Markt für Kunsthandwerk* statt mit umfangreichem Angebot an Silberarbeiten. Insider Tipp

ÜBERNACHTEN

HOTEL DE LA BORDA
1930 im kolonialen Haciendastil erbautes Haus, 1 km vom Zentrum auf einer Erhebung mit tollem Ausblick von den Terrassen. Gärten, Pool und hübsche Taverne. *150 Zi. | Cerro del Pedegal 2 | Barrio La Garita | Tel. 01762/622 02 25 | Fax 622 06 17 | www.hotelborda.com* | €€

Insider Tipp
POSADA DE LA MISIÓN
Oase im Kolonialstil in großem Garten, mit Terrassenrestaurant (sehr gute Küche) und einem Großmosaik aus Naturstein von Juan O'Gorman am Pool. *158 Zi. | Cerro de la Misión 32 | Tel. 01762/622 00 63 | Fax 622 21 98 | www.posadamision.com* | €€€

Insider Tipp
VICTORIA
Im Kolonialstil an einem Hügel, schöner Blick von den Balkonen. Ruhig, aber zentrumsnah. *63 Zi. | Calle Carlos J. Nibbi 5–7 | Tel. 01762/622 00 04 | Fax 622 00 10 | www.victoriataxco.com* | €

AUSKUNFT
Avenida Presidente John F. Kennedy 28 und Avenida de los Plateros 1 | Tel. 01762/622 22 74

> SCHWIMMEN, SONNEN, SCHNORCHELN

Wasserratten und Sonnenanbeter zieht es an die Strände und Buchten des Pazifiks

> Erst wer aus den Bergen der Sierra Madre Occidental an die Westküste kommt, erfährt den ganzen Zauber dieser Region. Die Straße klettert über Pässe, überspannt gewagte Brückenkonstruktionen und wilde Schluchten.

Kiefernwälder werden abgelöst von üppig-tropischer Vegetation, die Luft wird feucht und salzig, Kokospalmen wiegen sich über schneeweißen Stränden. Jahrhundertelang war Mexikos Pazifikküste nur von ein paar Fischern bewohnt, war dies das Jagdrevier von Seeräubern, die die mit Gold und Silber beladenen spanischen Schiffe überfielen. Heute liegen an den geschwungenen Buchten betriebsame Ferienziele. Bekannte Badeorte wechseln ab mit stillen Buchten, Lagunen bieten Lebensraum für zahlreiche Wasservögel.

Von Mazatlán, dem alten Badeort in der Mitte der mexikanischen Pazifikküste, bis nach Huatulco, dem neu-

Bild: Banderas Bay in Puerto Vallarta

DIE WESTKÜSTE

en Ziel im tiefen Süden, sind es fast 2000 km. Erschlossen wird die Küste von den gut ausgebauten Bundesstraßen MEX 15 und (ab Tepic) MEX 200 und einem Dutzend kleiner Inlandsflughäfen.

Schon früh bemächtigte man sich in Hollywood des Traums vom mexikanischen Süden. Als Feriendomizil für Schauspieler und Millionäre legendär wurden ab 1940 Acapulco und Puerto Vallarta. Heute rollt die Urlaubsmaschinerie in beiden Orten auf Hochtouren. Parallel dazu erschloss man neue Regionen wie Ixtapa/Zihuatanejo und Huatulco und baute sie zu großen Luxusferienanlagen mit in die Natur integriertem Golfplatz und aufwendigem Yachthafen aus.

Sieben Bundesstaaten umfasst das Gebiet: Sinaloa, Nayarit, Jalisco, Colima, Michoacán, Guerrero und Oaxaca. Reich an präkolumbischen Stätten ist allein Oaxaca, doch altspani sche Kolinialatmosphäre findet sich auch andernorts recht häufig.

ACAPULCO

[166 A5] Hoteltürme, Restaurants und Diskotheken an der glitzernden Bucht, millionenschwere Traumvillen am Las-Brisas-Hügel, Kreuzfahrtschiffe im alten Hafen, Straßenhändler und *mariachis* am Zócalo. Und nicht zu vergessen: die kilometerlangen Sandstrände, die Acapulco (2 Mio. Ew.) in den Vierzigerjahren zum Seebad und Tummelplatz reicher US-Amerikaner machten. Trotz der jährlich 3,5 Mio. Besucher finden sich auch heute noch einige kaum besuchte Abschnitte.

SEHENSWERTES

FELSENSPRINGER ★

Die auf unzähligen Acapulcoplakaten spektakulär vom 42 m hohen Quebradafelsen kopfüber in eine enge Meeresbucht stürzenden *clavadistas* können täglich live erlebt werden. Die beste Sicht auf die mit Flutlicht erhellte Szenerie eröffnet sich von den Terrassen des Restaurants *La Perla (im Hotel Mirador | Tel. 01744/ 483 11 55 | €€€)*. Ein teurer Spaß mit ziemlich schlechtem (Zwangs-)Essen, aber nirgends sieht man besser. *Tgl. 14.30, 20.30, 21.30 und 22.30 Uhr sowie 13 Uhr Sondervorstellung | Eintritt Treppe 3 US-$, Buffet 20 US-$ | am westlichen Rand der Altstadt | www.clavadistasdelaquebrada.com*

FUERTE DE SAN DIEGO

Das Ende des 18. Jhs. von den Spaniern erbaute Fort sollte die Stadt vor Piratenüberfällen schützen. Heute fungiert es als historisches Museum mit einer Ausstellung über den Handel der Spanier mit den Philippinen. *Di–So 9–18 Uhr | Calle Hornitos ab Costera M. Alemán*

Von diesen Klippen springen die berühmten Quebradaspringer

ESSEN & TRINKEN

100 % NATURAL

Eine empfehlenswerte Restaurantkette, in Acapulco mehrmals vertreten. Im ersten Stock genießt man Natursäfte und mexikanische Gerichte mit Ausblick. *Costera M. Alemán*

112 (Condesa) | *Tel. 01744/484 64 47* | *www.100natural.com.mx* | €€

EL FOGÓN

Serviert werden mexikanische Speisen, darunter der köstliche Eintopf *pozole. Costera M. Alemán 10 (gegenüber Hotel Emporio)* | *Tel. 01744/484 50 79* | €–€€

MARISCOS EL NONO

Zur Happy-Hour-Zeit am späten Nachmittag herrscht viel Trubel; abends serviert das Strandrestaurant frischen Fisch. *Costera M. Alemán 179* | *Tel. 01744/485 16 72* | €€

EL OLVIDO

Elegantes Restaurant, leider stark gekühlt, mit internationaler Haute Cuisine. *Plaza Marbella/Costera M. Alemán* | *Tel. 01744/481 02 14* | *www.elolvido.com.mx* | €€€

EINKAUFEN

Einkaufen macht in Acapulco nicht viel Freude. Hunderte von Souvenirläden und Boutiquen reihen sich an der 14 km langen Costera M. Alemán aneinander, und an den Strandzugängen kommen die fliegenden Händler hinzu. An der Ecke Horacio Nelson/James Cook (Costera hinter der Baby-O'-Disko) findet man *AFA (Artesanías Finas Acapulco),* einen großen Supermarkt mit Kunsthandwerksprodukten aus dem gesamten Land. Dort erhält man originale Artikel zu etwas höheren Preisen. Hinter dem Zócalo finden Sie mehrere Straßen mit Souvenir- und Kunsthandwerksständen.

ÜBERNACHTEN

BOCA CHICA

Komforthotel auf einem Felsvorsprung neben kleinem Strand und Schnorchelbucht. Von den Balkonzimmern Blick auf die Insel La Roqueta. *45 Zi.* | *Privada de Caletilla* | *Playa Caletilla* | *Tel. 01744/483 67 41* | €€

HYATT REGENCY

Zentral, direkt am Strand, mit grandiosem Blick über die Bucht. *640 Zi.* | *Costera M. Alemán 1* | *Tel. 01744/469 12 34* | *www.acapulco.regency.hyatt.com* | €€€

MARÍA EUGENIA

Hotel im Haciendastil mit Pool und Parkplatz. Die Zimmer (mit Balkonen) nach hinten sind ruhiger. Im Erdgeschoss liegt das gute mexikani-

MARCO POLO HIGHLIGHTS

★ Felsenspringer
Den besten Blick auf die waghalsigen *clavadistas* bietet das Restaurant La Perla (Seite 66)

★ Puerto Vallarta
Unvergessliches Abenteuer für Sattelfeste: ein Reitausflug in den Dschungel (Seite 77)

★ Yelapa
Nicht nur für romantische Gemüter: Dinner am palmengesäumten Strand (Seite 79)

★ Las Hadas
Ein Wochenende in dieser mediterran anmutenden Märchenwelt gehört dazu (Seite 79)

sche Restaurant *María Bonita. 64 Zi. | Costera M. Alemán 176/Juan de la Cosa (Nähe Galería Diana) | Tel. 01744/435 06 60 | www.haciendamariaeugenia.com.mx* | €

PARKHOTEL

Zweistöckige Hotelanlage in Strandnähe mit großem Pool, Garten, drei Tennisplätzen und Parkplatz; auch größere Zimmer mit Kochnische. *88 Zi. | Costera M. Alemán 127 (neben Plaza Bahía) | Tel./Fax 01744/485 59 92 | www.parkhotel-acapulco.com* | €

FREIZEIT & STRÄNDE

STRÄNDE

Acapulco kann mit vielen Stränden aufwarten. Die von Einheimischen bevorzugte *Playa Caleta* (im äußersten Westen der Bucht) verfügt über zahlreiche preiswerte Strandcafés. Mehrmals stündlich starten Bootstouren zur gegenüberliegenden *Isla Roqueta* mit weitgehend leeren Stränden. *Playa Hornos* (in der Mitte der Bucht, gegenüber dem Parque Papagayo) ist der klassische Nachmittagstreff. Am längsten Sonne hat man an der ganz im Osten der Acapulco Bay gelegenen *Playa Icacos*. Die *Playa Revolcadero* 15 km östlich erstreckt sich ins offene Meer. Vorsicht beim Schwimmen: Es gibt höhere Wellen!

WASSERPARK PARQUE AQUÁTICO CICI

Wellenschwimmbecken, Wasserspielplätze, Restaurants und Delphindressuren. *Costera M. Alemán/Cristóbal*

Ein Lichtermeer: 3,5 Mio. Gäste besuchen pro Jahr die Tourismusmetropole Acapulco

Colón | Costa Azul | www.cici.com.mx | Eintritt ab 110 Pesos

AM ABEND

Gegen 22 Uhr beginnen Teens und Twens ihre allabendliche Tour, in den Morgenstunden frühstückt die Clique dann in den zur Diskothek gehörenden Cafés. Man bummelt entlang der lebhaften *Costera M. Alemán,* wo laufend neue Diskotheken entstehen und die alten mit modernisierter Ausstattung locken. Wer es vornehmer möchte, fährt zur *Carretera Escénica* in der Las-Brisas-Gegend und tanzt dort mit Blick auf die erleuchtete Bucht.

AUSKUNFT

Costera M. Alemán 4455-2 (Centro Internacional) | Tel. 01744/484 26 02 | www.visitacapulco.com.mx

HUATULCO

[167 D6] „Das wiedergefundene Paradies" heißt der Slogan des mexikanischen Fremdenverkehrsbüros für die neun Buchten, die zusammen die Bahías de Huatulco bilden. Besucher erwartet ein Pazifikidyll: mehr als 30 feinsandige, unberührte Strände. Ausschließlich per Boot waren einige der Buchten zu erreichen, nur den ansässigen Fischern und einer Handvoll Reisenden bekannt. Neben Hotels entstanden ein 18-Loch-Golfplatz und ein Flughafen. Noch gehören die Buchten zu den abgeschiedenen der großen mexikanischen Urlaubsziele.

Am weitesten fortgeschritten ist die touristische Infrastruktur in der Tangolundabucht. Neben Luxus- und Mittelklassehotels, Boutiquen und Fischrestaurants gibt es einen Golfplatz und einen Bootshafen. Zur Versorgung des Komplexes entwickelte man 2 km vom Strand entfernt die Ortschaft *La Crucesita* (8500 Ew.) im mexikanischen Stil mit *plazas,* offenen Restaurants und viel tropischem Grün. Hier findet man preiswerte Restaurants; den Transport zu den Stränden besorgen Taxis. Auch das alte Dorf *Santa Cruz* an der gleichnamigen Bucht wurde für die Besucher „schön" gemacht. Zu besichtigen gibt es in Huatulco nicht viel, wenn man von den Stränden, dem Unterwasserleben und der Natur absieht.

>LOW BUDGET

- Im teuren Acapulco geht es auch anders: Preiswert schlafen Budgetbewusste im einfachen Gästehaus *California (22 Zi. | La Paz 12 | Tel. 01744/482 28 93)* mit ruhigem Innenhof und mittendrin im alten Stadtkern am Zócalo.
- Legendär: Einen romantischen Sonnenuntergang erlebt man günstig in den Strandrestaurants an der 9 km nordwestlich von Acapulco gelegenen Badebucht *Pie de la Cuesta.*
- Volkstümliche Unterhaltung bietet bei freiem Eintritt Acapulcos Jahrmarkt *Parque Papagayo (tgl. 7–20 Uhr | Costera M. Alemán gegenüber Playa Hornos)* mit Boots- und Fahrradverleih sowie Minizoo.
- In Puerto Ángel vermietet die deutsche Besitzerin Gundi in ihrer *Casa de Huéspedes Gundi y Tomas (Calle Principal | Tel. 01958/584 30 68 | www.puertoangel-hotel.com)* neun Zimmer für zwei Personen schon ab 15 US-$.

HUATULCO

SEHENSWERTES

Insider Tipp

BAHÍA DE CHACHACUAL

Eine als Naturschutzgebiet ausgewiesene Bucht an der Mündung eines Flusses: Ein Weg führt durch den Küstenwald, in dem Baumriesen in den Himmel ragen. In einer kleinen Siedlung leben schwarze Familien, Nachfahren jener Sklaven, die die Spanier ins Land brachten.

Der Pazifik bietet Fischern wie auch Pelikanen reiche Beute

ESSEN & TRINKEN

DOÑA CELIA

Fischrestaurant mit regionalen Langusten- und Hummerspezialitäten. *Bahía de Santa Cruz | Tel. 01958/587 01 28* | €€€

LOS PORTALES

Bereitszum Frühstück geöffnet, gelegen am Zentralplatz mit Tischen im Freien. Mexikanische Gerichte, auch hausgemachte Tacos mit Fisch und Schaltieren. *Bugambilia 603 (Plaza Principal de La Crucesita) | Tel. 01958/587 00 70 | www.losportaleshuatulco.com* | €€

ÜBERNACHTEN

BUSANVI

Die Balkonzimmer mit zwei Doppelbetten können jeweils von bis zu vier Personen belegt werden; mit Klimaanlage und Bad. *14 Zi. | Carrizal 601 | La Crucesita | Tel. 01958/587 00 56* | €

CASTILLO HUATULCO

Zwischen La Crucesita und der Bahía Santa Cruzgelegenes, modernes Haus mit kolonialen Bauelementen. Zwei Restaurants, ein Palmengarten, Swimmingpool und Beachclub verwöhnen die Gäste. *113 Zi. | Boulevard Santa Cruz 303 | Tel. 01958/587 01 44 | www.hotelcastillohuatulco.com* | €€

POSADA EDEN COSTA

Acht Zimmer und drei Suiten (mit Kochecke) gruppieren sich um einen Swimmingpool, doch auch der Pazifikstrand ist nur 200 m entfernt. *113 Zi. | Calle Zapoteco | Bahía Chahué | Tel. 01958/587 24 80 | www.edencosta.com* | €€

MARLIN

Kolonialer Stil bei der Marina, farbenfrohe Zimmer, kleiner Swimmingpool und Arkadenrestaurant. Sportliche Aktivitäten (Tauchen, Hochseeangeln, Ausritte, Ökotouren) werden organisiert. Fußweg zur schönen Playa La Entrega mit vielen Strandrestaurants. *28 Zi. | Paseo Mitla 107 | Bahía de Santa Cruz | Tel. 01958/587 00 55 | www.huatulco-hotels.com/marlin.htm* | €€

PLAZA CONEJO

Preiswerte Zimmer (mit Ventilator oder Klimamanlage), die man während der Hochsaison früh reservieren sollte. Internetservice, großes Angebot an Ausflügen und Touren. *10 Zi. | Avenida Guamuchil 208 a | La Crucesita | Tel. 01958/587 00 54 | www.plazaconejomexico.com* | €

QUINTA REAL

Die stilvollste Adresse Huatulcos liegt auf einem Hügel über der Bucht von Tangolunda. Gewohnt wird in kleinen Villen, einige mit privatem Minipool. *28 Suiten | Paseo B. Juárez 2 | Tel. 01958/581 04 28 | www.quintareal.com* | €€€

STRÄNDE

Wer Einsamkeit und Romantik sucht, lässt sich mit dem Boot in der *Bahía de Cacaluta* absetzen und verbringt den Tag unter Palmen und Bougainvilleen am Strand. Wassersportler bevorzugen die Buchten *El Órgano* und *Maguey.*

AUSKUNFT

Boulevard B. Juárez | Bahía de Tangolunda | Tel. 01958/581 01 76 | www.todohuatulco.com

> BÜCHER & FILME

Spektakuläre Action und sinnliche Gerichte

> **Viva Zapata!** – Ein Kunstwerk der Filmgeschichte schuf 1951 der Regisseur Elia Kazan mit diesem Drama. Das Drehbuch von John Steinbeck lieferte eine historische Abenteuergeschichte für die Hauptdarsteller Marlon Brando und Anthony Quinn.

> **Frida** – Julie Taymor führte 2002 Regie bei der Verfilmung des exzentrischen Künstlerlebens von Frida Kahlo. In der Hauptrolle glänzt Salma Hayek.

> **Irgendwann in Mexico** – Robert Rodríguez verfilmte 2003 eine spektakuläre Actionstory mit mitreißenden Mexikoaufnahmen und einem Hollywood-Staraufgebot (Salma Hayek, Johnny Depp und Antonio Banderas).

> **La Misma Luna** – Die Mexikanerin Patricia Riggen drehte 2007 diesen Film über die sentimentale Odyssee des kleinen Carlitos zu seiner in den USA arbeitenden Mutter.

> **Mexiko – eine kulinarische Reise** – Verfasst von Mexikos Grande Dame für glamouröses Catering, Susana Palazuelos: prachtvolle Fotos und phantastische Rezepte.

> **Unheimliche Gesellschaft** – Sechs Geschichten von Carlos Fuentes, die sich ins Phantastische wenden.

> **Häuser in Mexiko** – Annie Kelly und Tim Street-Porter porträtieren in einzigartigen Aufnahmen mexikanisches Wohnambiente.

ZIELE IN DER UMGEBUNG

PUERTO ÁNGEL ▶▶ [167 D6]

Puerto Ángel (3500 Ew.) ist ein Treff junger Rucksackreisender aus Amerika und Europa. Kleine Pensionen liegen an der Uferstraße, beliebt sind auch die einfachen Hütten *(cabañas)* und „Hängemattenpensionen" (Gärten, in denen in Hängematten geschlafen wird) des 4 km entfernten Strandes Zipolite.

Von Puerto Ángel aus lohnt ein Besuch im wenige Kilometer westlich gelegenen *Mazunte,* einem Fischerort, der mit Schutzmaßnahmen für Meeresschildkröten begonnen hat.

PUERTO ESCONDIDO [166 C6]

„Versteckt" kann man den Hafen (40 000 Ew.) ca. 90 km westlich von Huatulco schon lange nicht mehr nennen, zieht er doch seit Jahren eine eingeschworene Surfergemeinde an. Mittlerweile ist Puerto Escondido als lebhafter Ferienort etabliert. Die Atmosphäre blieb leger, das Publikum jünger, das Preisniveau deutlich niedriger als in Acapulco und Huatulco.

Entlang der Bucht zieht sich die Avenida Pérez Gasga, die Promenade des Orts. Rechts und links reihen sich die Strandhotels und -restaurants, Geschäfte für Batikhemden und indische Amulette – vom späten Frühstück bis tief in die Nacht Treffpunkt der Cliquen. Zwischen Straße und Meer beschatten Palmen den Strand. Verkäufer bieten ihre Hängematten feil, Cafés frische Säfte und die Zeitung von gestern. An die Bahía Principal schließen sich kleinere Buchten an, wer es ruhiger mag, läuft zur von Surfern geschätzten, südöstlichen ▶▶ Zicatelabucht. Übernachtung in der *Posada Real (100 Zi. | Bulevar B. Juárez 11 | Bacocho | Tel. 01954/ 582 01 33 | www.posadareal.com.mx/ PuertoEscondido | €€),* einem kom-

Palmen beschatten den bei Surfern geschätzten Strand von Puerto Escondido

fortablen Strandhotel mit Pool, Tennis und Kidsclub.

IXTAPA/ ZIHUATANEJO

[165 E5] Immer werden die beiden Orte (85 000 Ew.) zusammen genannt, doch leben sie gerade von ihren Gegensätzen. Wem Acapulco zu groß und mondän, Puerto Escondido hingegen zu provinziell ist, der kommt hierher – und genießt beides. Ixtapa ist ein junges, auf dem Reißbrett entworfenes Ferienzentrum. Hier reihen sich die Luxushotels entlang dem breiten Sandstrand, versteckt zwischen üppigen Parks und Gärten. Golfplätze, Tennisanlagen, Boutiquen und schicke Restaurants prägen den Ort.

Anders das 7 km entfernte Zihuatanejo, ein bald 500 Jahre alter Fischerort, einst von dem westmexikanischen Indianervolk der Purépecha besiedelt. Diese sollen lange vor der Ankunft der Spanier am Rand der Bucht ein Seebad unterhalten haben, mit einer Schutzmauer gegen Haie. Treffpunkt der Ortschaft ist die *Paseo del Pescador* genannte Promenade am Hafen, besonders attraktiv in der Dämmerung, wenn Einheimische und Touristen die Schönheit der Bucht bei einem Spaziergang vor dem Abendessen genießen.

Mangels traditioneller Sehenswürdigkeiten betreibt man in Ixtapa Hotelhopping: Entlang der weißen Playa Palmar liegen die Hotels, und da in Mexiko alle Strände öffentlich sind, schlendert man am Wasser von Adresse zu Adresse, vergleicht Foyers und Pools der Anlagen, nimmt hier einen *café de olla,* da eine *piña colada* – ab 16 Uhr ist Happy Hour.

SEHENSWERTES

MARINA IXTAPA

Ein Mikrokosmos schicker Bars und Designerboutiquen zwischen Kanälen, Booten und Yachten. Das Vorzeigeprojekt der Westküste verfügt auch über einen 18-Loch-Platz, entworfen von Golfpapst Robert Trent Jones.

MUSEO ARQUEOLÓGICO DE LA COSTA GRANDE

Ausgrabungen zeigten, was Archäologen vermuteten: Zihuatanejo war ein präkolumbischer Pilgerort, Heiligtum früher Könige. Zahlreiche Ausgrabungsfunde, auch Exponate der Taraskenkultur. *Di–So 10–18 Uhr| Zihuatanejo | Paseo del Pescador (an der Kanalmündung)*

ESSEN & TRINKEN

COCONUTS

Das älteste Haus der Stadt bietet beste mexikanische Küche mit vielen Fischspezialitäten; ab 18 Uhr Livemusik im Garten. *Zihuatanejo | Pasaje Agustín Ramírez | Tel. 01755/ 554 25 18* | €€€

LA SIRENA GORDA

Der morgendliche Fang bestimmt das Angebot der rustikalen Inkneipe. Spezialität sind auf dem Holzkohlengrill gebackene Fische. *Zihuatanejo | Paseo del Pescador 90 (beim Pier) | Tel. 01755/554 26 87* | €€

EINKAUFEN

In Ixtapa schätzt man Shoppingcenter nach US-Vorbild mit insgesamt mehr als 400 Boutiquen, darunter auch solche mit exquisitem mexikanischem Kunsthandwerk (u. a. handbedruckte Baumwollkleidung), z. B. *La Fuente* (Talaverakacheln und Glas). In Zihuatanejo konzentriert sich das Angebot auf der Promenade *(Paseo del Pescador)* und in den umliegenden Straßen. Einen *Mercado de Artesanías* finden Sie in der *Calle 5 de Mayo.*

Zihuatanejo liegt das luxuriöse Haus, ausgestattet mit Whirlpools und Kunstwerken. Großzügige Zimmer im Ethnostil, edel designte Badezimmer, Tennisplätze, ein riesiger Pool und ein romantischer kleiner See – die in den Achtzigerjahren von dem Deutschen Helmut Leins als Villa del Sol gegründete Anlage gewann di-

Stilvolles Wohnen auf Zeit: Schlafzimmer im Hotel The Tides

ÜBERNACHTEN

POSADA EL RISCAL

Dreistöckige familiäre Pension, Zimmer mit Bad und Ventilator, einige gegen Aufpreis mit Klimamanlage. *35 Zi. | Zihuatanejo | Paseo del Riscal (Colonia V. Guerrero) | Tel./Fax 01755/554 26 42 | www.ixtapa-zihuatanejo.net/posadariscal* | €

Insider Tipp THE TIDES

Zwischen Kokospalmen und Bougainvilleen am Rand der Bucht von

verse Preise als „romantischstes Strandhotel Mexikos". *70 Zi. | Zihuatanejo | Playa La Ropa | Tel. 01755/555 55 00 | www.tideszihuatanejo.com* | €€€

ZIHUATANEJO CENTRO

Im Zentrum der Stadt, doch nur 100 m zum Strand, mit Pool und Internetcafé. In der beliebten Hotelbar kreiert man exotische Longdrinks auf Tequilabasis. Zum Haus gehören auch sechs Apartments, ideal für einen längeren Aufenthalt. *74 Zi. | Zihuatanejo | Agustín Ramírez 2 | Tel. 01755/ 554 53 30 | www.ixtapa-zihuatanejo.net/zihuacenter | €€*

SPORT & STRÄNDE

GOLF

Der *Campo de Golf Ixtapa* gilt als einer der schönsten der Küste. Der Kurs verläuft durch Lagunen und begrünte Hügel bis zum Sandstrand der Playa Palmar. Ungewöhnlich ist das angeschlossene Wildreservat, in dem schon mal Alligatoren gesichtet werden. Zum Clubhaus gehören Tennisplätze, Pool und ein Restaurant. *Greenfees um 75 US-$*

STRÄNDE

Ixtapas größtes Plus sind die breiten, sauberen, unberührten Sandstrände. Wem die *Playa Palmar,* an der Hotelzone gelegen, zu betriebsam ist, der weicht aus auf die von Felsen gerahmte *Playa Hermosa* im Süden. In Zihuatanejo wartet die *Playa La Ropa* mit preiswerten Wassersportangeboten und mehreren Strandrestaurants. Am südlichen Ende der Bucht von Zihuatanejo locken an der *Playa Las Gatas* weißer Korallensand und beste Schnorchelbedingungen. Für ein paar US-Dollar fahren Boote hinaus *(ab Embarcadero Municipal Zihuatanejo)*. Von der Playa Quieta nördlich der Hotelzone starten die Boote von „Cooperativo" zur kleinen, bewaldeten *Isla Ixtapa,* bewohnt von Leguanen und Rehwild. Vier Strände laden zum Sonnenbaden ein; in romantischen Strandrestaurants werden frische Fische und exotische Drinks serviert. Beste Schnorchelbedingungen bietet die *Playa Coral.*

WASSERSPORT

Sichtweiten bis zu 20 m und mehr als 30 abwechslungsreiche Tauchplätze, darunter ein gesunkenes Schiff, machen Tauchen beliebt. Zahlreiche Geschäfte und die großen Hotels in Ixtapa verleihen Geräte und bieten Kurse an.

AM ABEND

Bereits vor Sonnenuntergang füllen sich in Ixtapa die Bars und Cafés. Wer sich etwas Besonderes gönnen will, bucht eine Sunset Yacht Cruise auf einem romantisch beleuchteten Katamaran (Information in den Hotels). Die jüngere Generation trifft sich bei ▶▶ *Christine,* der cool gestylten Topdisko von Ixtapa auf dem Gelände des Hotels Krystal Ixtapa.

AUSKUNFT

Zihuatanejo: Palacio Municipal | Juan N. Álvarez | Tel. 01755/ 554 20 01; Ixtapa: Paseo de las Gaviotas 12 | Tel. 01755/553 12 70 | www.zihua.net

MAZATLÁN

[164 A1] Der größte Hafen zwischen San Diego und dem Panamakanal, der sich auch rühmt, die stärkste Krabbenflotte der Welt zu besitzen, ist ein gefragter Badeort. Weil Mazatlán (720 000 Ew.) wesentlich preiswerter ist als Acapulco, fungiert es als Urlaubsdomizil mexikanischer Familien. Da die Urlauber in der Hotelzone wohnen, ist die hübsche Altstadt vom Touristenrummel bisher weitgehend verschont geblieben. Bemerkenswert ist die vierspurige Strandpromenade, die fast um die gesamte Altstadt läuft. Die Umgebung fasziniert mit sumpfigen Lagunen, die von Flamingos und Kranichen bevölkert werden. Nördlich der Stadt entstehen zwischen Küstenstraße und Strand immer neue Komforthotels für US-amerikanische Urlauber.

SEHENSWERTES

ACUARIO

Das größte Aquarium Mexikos vermittelt einen Eindruck von der faszinierenden Vielfalt der pazifischen Unterwasserwelt. *Tgl. 9–18 Uhr | Deportes 111 | Eintritt 5 US-$ | www.acuariomazatlan.gob.mx*

MUSEO ARQUEOLÓGICO

In einem neoklassizistischen Haus vom Beginn des 20. Jhs. präsentiert das kleine Museum präkolumbische Fundstücke. *Di–Do 10–13 und 16 bis 19 Uhr | Sixto Osuna 76*

ESSEN & TRINKEN

LA COPA DE LECHE

Sichern Sie sich einen Sitzplatz mit Blick aufs Meer! Landestypische Spezialitäten sowie Fischgerichte mit den besten (selbst gemachten) Tacos der Stadt. *Olas Altas 1220 a Sur | Tel. 01669/982 57 53 | €€*

GUADALAJARA GRILL

Steaks, Tacos und üppige Salate, dazu trinkt man Tecate-Bier oder das dunkle Negra Modelo. *Avenida de las Garzas 12 (Zona Dorada) | Tel. 01669/913 50 65 | €€*

CAFÉ PACÍFICO

Sehen und gesehen werden: Vom Freisitz hat man den besten Blick auf das Geschehen. *Calle Constitución 74/Heriberto Frías (Plazuela Machado) | Tel. 01669/981 39 72 | €*

ÜBERNACHTEN

EL QUIJOTE INN

Strandhotel mit zwei Pools, Zimmer mit Küchenzeile, Balkon und Meerblick. *101 Zi. | Camarón Sábalo/Tiburón | Tel. 01669/914 11 34 | www.elquijoteinn.com | €€–€€€*

Mexikanisches Flair herrscht im einstigen Fischerort Puerto Vallarta am Río Cuale

Insider Tipp **LA SIESTA**

Kleines Haus an der Küstenstraße mit schönem Restaurant im Hof. *57 Zi. | Olas Altas 11 Sur | Tel. 01669/ 981 26 40 | www.lasiesta.com.mx | €*

SPORT & STRÄNDE

Gleich an der Uferstraße liegt der Strand *Olas Altas,* der weniger zum Sonnenbaden und Schwimmen (der Name bedeutet „hohe Wellen") als zum Promenieren geeignet ist; zahlreiche Cafés und Restaurants säumen ihn. Nördlich der Stadt beginnen die kilometerlangen Strände. Wasserski, Parachutesailing sowie Vermietung von Segelbooten und Windsurfbrettern im *El Cid Resort (Camarón Sábalo).* Ein relativ preiswertes Vergnügen ist ein Bootsausflug zur *Isla de la Piedra* mit herrlichen Stränden und Palmenhainen.

AM ABEND

Insider Tipp **BORA BORA**

Ein Hotspot für Partypeople ist der Open-Air-Beachclub unter zwei großen *palapas* (Palmwedelschirmen); mit Pool. *Fiesta Land, Camarón Sábalo (Nordende der Zona Dorada)*

AUSKUNFT

Carnaval/Mariano Escobedo| Tel. 01669/981 88 83 | www.allaboutmazatlan.com

ZIELE IN DER UMGEBUNG

MEXCALTITÁN [164 B2]

Das „Venedig Mexikos" wird das auf einer kreisrunden Insel in einer Lagune angelegte Dorf (ca. 250 km südlich von Mazatlán auf dem Weg nach Tepic) genannt. Während der Regenzeit, also im Sommerhalbjahr, steigen die Bewohner Mexcaltitáns zur Fortbewegung auf Kanus um, da sich dann die wenigen Straßen in Kanäle verwandeln. In den einfachen, landestypischen Restaurants werden mitunter köstliche, frische Langusten angeboten.

SAN BLAS ▶▶ [164 B2]

Die tropische, dschungelartige Wasserlandschaft um das kleine Fischerstädtchen San Blas (7000 Ew., südlich von Mexcaltitán knapp 300 km von Mazatlán) sollte am besten per Boot erforscht werden. Im Dorf selbst erinnern das spanische Fort *Fuerte San Basilio* und das alte *Zollhaus* an die kolonialzeitliche Vergangenheit. Der Ort zieht mit seiner legeren Atmosphäre besonders im Winter Surfer und junge Langzeiturlauber aus aller Welt an.

PUERTO VALLARTA

[164 B3] ★ **An der Bucht von Banderas erwarten Sie mehr als zwei Dutzend goldfarbene Strände.** Trotz 2,5 Mio. Besuchern jährlich ist die Atmosphäre des zu beiden Seiten des Río Cuale gelegenen Fischerorts (350 000 Ew.) typisch mexikanisch geblieben: Gepflasterte Innenstadtgassen, rote Ziegeldächer und schmiedeeiserne Balkone bestimmen das Stadtbild. Gebaut wird dagegen im Norden und an der Küste. Highlife herrscht an den Stränden. Neben den klassischen Sportarten gibt es Ausritte in den Dschungel. Zur *hora feliz,* der Happy Hour, trifft man sich in den Cafés am *Malecón.*

PUERTO VALLARTA

SEHENSWERTES

ISLA DEL RÍO CUALE

Die 5 ha große Insel lockt mit zahlreichen Freiluftcafés und -restaurants sowie Kunstgewerbeläden.

ESSEN & TRINKEN

LE BISTRO JAZZ CAFÉ

Unter einem großen Blätterdach sitzt man im Grünen. Ausgezeichnetes Frühstück, gute Crêpes. *Isla Río Cuale 16 a | Tel. 01322/222 02 83* | €€

CAFÉ DES ARTISTES

Französische Küche mit einem deutlichen mexikanischen Akzent. *Guadalupe Sánchez 740 | Tel. 01322/222 32 28 | www.cafedesartistes.com* | €€€

KAISER MAXIMILIAN

Unter Arkaden oder im klimatisierten Speiseraum wird eine Mischung aus österreichischer und mexikanischer Küche serviert. Mit beliebter Espressobar. *Olas Altas 380 b | Tel. 01322/223 07 60 | www.kaisermaximilian.com* | €€€

PIPI'S

Hervorragendes Restaurant. Sonntagvormittags von 9 bis 14 Uhr Brunch. Livemusik mit vielen Einheimischen. *Pipila/Guadalupe Sánchez 807 | Tel. 01322/223 27 67 | www.pipis.com.mx* | €–€€

ÜBERNACHTEN

CARTAGENA DE LAS INDIAS

In der Altstadt, große Zimmer mit Ventilator, Aircondition gegen Aufpreis. *27 Zi. | Madero 428 | Tel. 01322/222 69 14* | €

HACIENDA SAN ÁNGEL

Insider Tipp

Fünf Villen im Kolonialstil (eine gehörte dem US-Schauspieler Richard Burton) wurden zu einem Boutiquehotel umgestaltet; Komfort, Stil, drei Designerpools und teilweise Meerblick. *14 Suiten | Miramar 336 | Tel. 01322/222 26 92 | www.haciendasanangel.com* | €€€

POSADA DE ROGER

Das Hotel im mexikanischen Stil liegt nur einen Block vom Strand entfernt.

Auch bei Zweibeinern beliebt: Baden an der Costa Careyes, der „Küste der Schildkröten"

Mit Swimmingpool, Patio und viel Grün. *48 Zi. | Basilio Badillo 237 | Tel. 01322/222 06 39 | www.posadaroger.com | €*

STRÄNDE

Zu den schönsten Stränden in und bei Puerto Vallarta gehören die 10 km südlich gelegene *Playa Mismaloya* sowie das nur per Boot (z. B. mit der Princesa Yelapa, Abfahrt 9.30 Uhr in der Marina von Puerto Vallarta) erreichbare ★ *Yelapa* mit palmblattgedeckten Strandrestaurants und tropisch anmutender Vegetation.

AUSKUNFT

Presidencia Municipal | Avenida Juárez | Tel. 01322/223 02 42; Comercial Hotel Canto del Sol, Local 18 | Zona Hotelera Plaza las Glorias | Tel. 01322/224 11 75 | www.visitpuertovallarta.com

ZIELE IN DER UMGEBUNG

COSTA ALEGRE [164 B3–4]

Die Küstenstraße MEX 200 führt durch Palmenhaine und kleine Fischerdörfer südwärts, vorbei an Ferienclubs und versteckt gelegenen Hotels. Die 250 km lange, zwischen Puerto Vallarta und Manzanillo gelegene Costa Alegre ist die jüngste und wohl auch exklusivste Urlaubsregion der Westküste. Ungezählte Inseln ragen aus dem glitzernden Meer.

Versteckte Lagunen bieten Lebensraum für Wasservögel und Säugetiere. „Küste der Schildkröten", *Costa Careyes,* nannten die Indianer den südlichen Küstenabschnitt. Seit Jahrzehnten sind die Buchten der Costa Careyes Ziel des internationalen Jetsets. Die Regierung von Jalisco ernannte diesen Streifen zwischen Barra de Navidad und Chamela zur „ökologischen Küstenregion" und stellte damit die Weichen für ungetrübtes Urlaubsglück an der Küste der Schildkröten.

Die beiden Dörfer *San Patricio Melaque* und *Barra de Navidad,* auf einer Sandbank zwischen dem Meer und einer Lagune (hervorragende Surfbedingungen) gelegen, sind der Geheimtipp einer jungen, internationalen Bohemeszene. Das Leben spielt sich in den palmblattgedeckten Hotels und Restaurants ab.

MANZANILLO/LAS HADAS [164 C4]

Auf einer Landzunge zwischen zwei Buchten 270 km südlich liegt die Ferienanlage ★ *Las Hadas (233 Zi. | Tel. 01314/331 01 01 | www.brisas.com.mx | €€€),* eine extravagante Komposition maurisch-mediterraner Bauelemente mit Arkaden, *plazas* und Wasserspielen, Yachthafen und Golfplatz, eine erstklassige Ferienadresse. Hafenatmosphäre bestimmt das nahe Manzanillo (95 000 Ew.).

> GRENZENLOSE EINSAMKEIT

Mit dem Geländewagen durch die Wüste und mit der Eisenbahn durch unberührte Gebirgswelten

> Kurz hinter der Stadtgrenze von Tijuana beginnt die Einsamkeit. Niederkalifornien oder, wie die Mexikaner sagen, Baja California erstreckt sich wie ein langer Finger rund 1300 km in den Pazifischen Ozean. Die im Durchschnitt nur 90 km breite Halbinsel ist eine Welt für sich: Während die Landschaft mit ihren verschiedenen Braun-in-Braun-Tönen, mit Dornensträuchern, Kaktushainen und kahlen Felsformationen einen fast lebensfeindlichen Eindruck erweckt, ist die Tierwelt an den beiden Küsten von großer Mannigfaltigkeit.

Seit auch Chartermaschinen Los Cabos anfliegen, boomt die Gegend. Manche einsam gelegenen Hotels haben Teleskope aufgestellt: Die Gewässer liegen an der Route der Wale, die von Dezember bis April hier ihre Jungen zur Welt bringen.

Nicht minder aufregend ist die Sierra Madre Occidental, die mit

Bild: typische Landschaft in Nordmexiko

DER NORDEN

atemraubenden Schluchten aufwartet. Mit der Bahn gelangt man zur Kupferschlucht, noch spektakulärer als der Grand Canyon in den USA.

BARRANCA DEL COBRE

[161 D2] ★ **Der „Grand Canyon Mexikos" ist die Barranca del Cobre, die Kupferschlucht. Über 1500 m fallen die Felswände steil in die Tiefe.** Ein unvergessliches Reiseerlebnis: 16 Stunden Eisenbahnfahrt von Los Mochis am Golf von Kalifornien nach Chihuahua, durch Tropen, Berge und Wüste kosten im Erste-Klasse-Wagen mit Aussichtsplattform etwa 115 Euro, in der zweiten Klasse gut die Hälfte. Durch die Klimazonen der Erde, vom subtropischen Küstenland auf Meereshöhe, reist man bis auf 2500 m ins unzugängliche Bergland der Sierra

Madre Occidental und in die wüstenähnlichen Gebiete Nordmexikos.

Über 39 Brücken und durch 86 Tunnel suchen sich die Wagen der Bahn ihren Weg. Sie tragen das Signet eines laufenden Tarahumaraindianers. Tatsächlich leben etwa 45 000 Rarámuri, „Läufer", wie sie sich selbst nennen, in den Schluchten des Gebirges. Die Tarahumara sind bekannt für ihre erstaunlichen Dauerlaufleistungen, die mehr als 100 km betragen können. Als Tourist kommt man mit ihnen an den Bahnsteigen in Kontakt, wo sie Souvenirs verkaufen.

Ausgangspunkt für die abenteuerliche Eisenbahnfahrt ist *Los Mochis* [160 C3–4], eine 360 000 Ew. zählende Stadt, umgeben von ausgedehnten Zuckerrohrfeldern, an der nordmexikanischen Pazifikküste. Da der Zug jeden Morgen um 6 oder 7 Uhr abfährt, reisen die meisten Besucher am Vorabend an. Am zweckmäßigsten übernachtet man im *Hotel Santa Anita (133 Zi. | Leyva/Hidalgo | Tel. 01668/816 70 46 | www.santaanitahotel.com | €€€)* und lässt sich vom Reisebüro im Haus Zugtickets reservieren (sofern man sie nicht schon vor der Reise gebucht hat: *Native Trails | Tel. in D 06035/92 00 54 | www.nativetrails.de*).

Da kommt Cowboyfeeling auf: mit der Eisenbahn durch den wilden Westen Nordmexikos

Von Los Mochis geht es zunächst durch eine Ebene mit Zuckerrohr, Gemüsefeldern und subtropischem Grün. Von der Bahnstation Bahuichivo, 250 km von Los Mochis und etwa 1700 m hoch gelegen, erreicht man das 12 km entfernte Dorf *Cerocahui*

[161 D2]. Über eine Straße, vorbei an einer Jesuitenmission aus dem 17. Jh., einem Wasserfall und verlassenen Minen, gelangt man zum Fluss Urique mit ehemaliger Goldmine und Geisterstadt. In den Steilhängen der Cañons treffen Wanderer auf Pumas, Coyoten, Bären, Füchse, Wölfe und Rehwild.

An der Bahnstation *El Divisadero* [161 D2], 300 km von Los Mochis und 2250 m hoch, halten alle Züge 25 Minuten, damit die Reisenden von der nahe gelegenen *Aussichtsplattform* das unvergleichliche Naturschauspiel genießen können: Drei Cañons treffen hier zusammen, 1500 m fallen die Wände steil ab. In *Ojitos* ist mit 2460 m der höchste Punkt der Reise erreicht. 20 km weiter liegt *Creel* [161 D2], mit 12 000 Ew. das Zentrum des Tarahumaralands. Die Endstation der Fahrt ist Chihuahua [161 E1].

ÜBERNACHTEN

HOTEL DIVISADERO BARRANCAS

Das rustikale Gebäude mit grandioser Aussicht am Rand der Kupferschlucht liegt bei der Bahnstation km 622. *52 Zi.* | *Tel. 01614/415 11 99* | *www.hoteldivisadero.com* | €€

MISIÓN DE CEROCAHUI

Kleines Haus im ländlichen Stil neben der Missionskirche im Zentrum der Tarahumaraortschaft. *33 Zi.* | *Cerocahui* | *12 km von der Bahnstation Bahuichivo* | *Tel. 01668/812 16 13* | *www.hotelmision.com* | €€

AUSKUNFT

FERROCARRIL DE CHIHUAHUA AL PACÍFICO

Méndez/24a Calle | *Chihuahua* | *Tel. 01614/439 72 12* | *www.chepe.com.mx*

ZIEL IN DER UMGEBUNG

TOPOLOBAMPO [160 C4] Insider Tipp

Wer die Fahrt in umgekehrter Richtung durch die Barranca del Cobre von Chihuahua aus nach Los Mochis antritt und mit der Fähre zur Halbinsel Baja California weiterreisen will, nimmt in Los Mochis ein Taxi bis zum Fährhafen (täglich nach La Paz) Topolobampo (9000 Ew.), einem Fischerdorf mit einer abenteuerlichen Geschichte. 1868 war der junge US-Ingenieur Albert K. Owen so begeistert von der schönen Landschaft, dass er hier eine „Sozialistische Metropole des Westens" plante und sie Topolobampo nannte. Um sie mit der Welt zu verbinden, entwarf er vier Jahre später die Eisenbahntrasse durch die Sierra Madre nach Chihuahua und weiter in die USA. 1881 übergab ihm die mexikanische Regierung den Boden, und acht Jahre später kamen 300 Abenteurer mit dem Schiff aus New York. Obwohl ein Krankenhaus, eine Schule, Straßen und schöne Häuser gebaut wurden, brach das Projekt 1891 zusammen, nur wenige Siedler blieben zurück.

MARCO POLO HIGHLIGHTS

★ **Barranca del Cobre**
Eine der schönsten Eisenbahnstrecken der Welt (Seite 81)

★ **San Carlos**
Auf Tuchfühlung mit den Grauwalen in der Bahía Magdalena (Seite 90)

Ihre hellhaarigen Nachkommen spielen heute am Pier, lassen Drachen steigen oder kicken Coladosen. Schaut man die Hügel hinauf, sieht man einstmals prächtige Villen mit Säulen, Arkaden und großen Veranden, vor denen die Menschen dösen. Überall bröckelt es. Man klettert auf den ✳ *Cerro de San Carlos* und versteht, warum Owen hier siedeln wollte: kleine Felseninseln im Blau des Meers, unberührte Buchten und weiße Strände. Der Ort lebt vom Fährbetrieb, einem bescheidenen Tagestourismus und dem Langustenfang. Einige einfache Hotels und zahlreiche Strandrestaurants versorgen die Besucher.

CHIHUAHUA

[158 C4] **Eine Cowboystadt wie aus einem Wildwest-Bilderbuch. Reiche Rancheros erledigen in Chihuahua (gesprochen Tschi-wa-wa) ihre Viehgeschäfte und genehmigen sich ein paar schöne Tage.** Touristen ist die in 1500 m Höhe in einem Tal der Sierra Madre gelegene Stadt (ca. 1 Mio. Ew.) vor allem bekannt als Endpunkt der Bahnfahrt durch die Kupferschlucht. Als wohlhabende Hauptstadt des größten mexikanischen Bundesstaats verfügt Chihuahua auch über einige prächtig restaurierte Kolonialpaläste und zahlreiche aufwendige Jugendstilbauten.

Chihuahua ist auch der Geburtsort von Pancho Villa, einer der schillerndsten Figuren der mexikanischen Revolution. Mit dem Schlachtruf „Viva la Revolución" führte er seine 1913 gegründete Reitertruppe División del Norte zum Sieg und damit zum Sturz des Diktators Porfirio Díaz. Mit Überfällen seiner Leute auf Großgrundbesitzer schuf sich Villa aber auch Feinde: Am 20. Juli 1923 wurde er erschossen.

SEHENSWERTES

CATEDRAL

Den frühen Reichtum Chihuahuas demonstriert die im 18. Jh. mit Silbersteuern erbaute Barockkirche, im Inneren überreich ausgestattet mit Kunstwerken. *Plaza Principal (auch Plaza de Armas)*

CENTRO CULTURAL QUINTA GAMEROS

Das Haus bietet die seltene Gelegenheit, sich einmal ein großbürgerliches Wohnhaus von innen anzusehen. Das Gebäude eines mexikanischen Bergbauingenieurs ist ausgestattet mit erlesenen Möbeln, zum Teil aus dem Art nouveau. Dazu eine Ausstellung über die in der Umgebung von Chihuahua siedelnden Mennoniten. *Di bis So 11–14 und 16–19 Uhr | Paseo Bolívar 402/Calle 4 | www.ccuquintagameros.wordpress.com*

MUSEO DE LA REVOLUCIÓN

„Quinta Luz" – auf den Namen seiner dritten, kurz zuvor verstorbenen Frau taufte Francisco (wegen seines Bauchs „Pancho" genannt) Villa seinen 50-Zimmer-Palast. Neun Jahre nahm der Revolutionsheld hier Quartier, bis er 1923 in Chihuahua erschossen wurde. *Di–Sa 9–13 und 15–19, So 9–17 Uhr | Calle 10 Norte 3014/Méndez*

PALACIO DE GOBIERNO

Gewaltige *murales* von Piña Mora zur Geschichte des Bundesstaats zieren diesen Ende des 19. Jhs. erbauten Pa-

In den Dörfern des Bundesstaats Chihuahua leben die Tarahumaraindianer

last, der während des Unabhängigkeitskriegs zum Schauplatz einer Hinrichtung wurde. Das Grab und ein Denkmal erinnern noch heute an Pater Hidalgo. *Mo–Fr 9–19, Sa/So 10–15 Uhr | Plaza Hidalgo*

ESSEN & TRINKEN

EL CORTIJO
Paella und zahlreiche vegetarische Gerichte. *Avenida Niños Héroes 508 | Tel. 01614/415 83 51 | €€*

LOS MEZQUITES
Das Familienrestaurant bemüht sich um regionale mexikanische Küche, Spezialität sind Steaks vom Holzkohlengrill, dazu ein großes Angebot an Pizza. *Avenida Cuauhtémoc 2009 | Tel. 01614/411 66 99 | €€*

EINKAUFEN

MERCADO DE ARTESANÍAS
Der Kunsthandwerkermarkt bietet Spezialitäten aus dem Bundesstaat Chihuahua. *Victoria 506 und Aldama 519*

ÜBERNACHTEN

HOTEL DEL COBRE
Mittelklassehaus mit Businesscenter, Coffeeshop und Restaurant mit mexikanischer Küche. *60 Zi. | 10a Calle 516 | Tel. 01614/415 16 60 | www.hoteldelcobre.com | €€*

PALACIO DEL SOL
Äußerlich eher schlichtes Hochhaus (15 Etagen) im Zentrum, das großzügige Zimmer, Pool und Fitness bietet. Je höher das Zimmer, desto besser der Blick über die Stadt. *204 Zi. | Avenida Independencia 116 | Tel. 01614/412 34 56 | www.hotelpalaciodelsol.com | €€–€€€*

AUSKUNFT

Palacio del Gobierno | Libertad/V. Carranza | Tel. 01614/410 10 77 | www.chihuahua.gob.mx

ZIELE IN DER UMGEBUNG

CASAS GRANDES [158 A3]
So wird heute die archäologische Stätte Paquimé („große Häuser") ge-

nannt, die 370 km nördlich von Chihuahua und 8 km von der Ortschaft Nuevo Casas Grandes in einem vegetationslosen Tal liegt. Die Siedlung der Chichimeken, um das Jahr 700 gegründet, avancierte um 1300 zur größten im nördlichen Mexiko und betrieb Handel mit dem Pueblovolk im Südwesten der heutigen USA. Eine Besonderheit war das Züchten tropischer Vögel. Die zahlreichen und teilweise recht gut erhaltenen Ruinen der Adobegebäude wurden 1998 in den Unescokatalog der schützenswerten Kulturgüter aufgenommen und seitdem weiter restauriert. Das moderne *Museo de las Culturas del Norte (Di–So 9–17 Uhr)* zeigt Töpferwaren mit geometrischen Mustern, Kupferschmuck, Muscheln und Vogelfedern aus dem 12.–14. Jh.

MENNONITENKOLONIEN [158 B4]

Ein Besuch der rund 100 km westlich von Chihuahua gelegenen Stadt *Cuauhtémoc* erinnert an die Alte Welt. Die etwa 45 000 dort und in der Umgebung in Bauernhäusern lebenden Mennoniten haben blonde Haare, blaue Augen und sprechen eine niederdeutsche Mundart. Mit sechs Eisenbahnzügen erreichte die über 5000 Mitglieder zählende Mennonitengruppe 1921/22 ihr Ziel: die Hacienda Bustillos und die dazugehörigen 1000 km² Land, die sie von der mexikanischen Regierung für 2 Mio. Dollar erworben hatten. Mittlerweile haben die kinderreichen Familien das trockene Grasland in propere, kleine Gemeinden verwandelt, umgeben von wogenden Weizenfeldern und Apfelplantagen. Besucher werden freundlich, aber reserviert begrüßt.

Der Fels von El Arco markiert den Übergang von Pazifik und Golf von Kalifornien

LOS CABOS

[160 C6] **Das 60 000 Ew. zählende ehemalige Fischerdorf Cabo San Lucas liegt an der äußersten Südspitze von Baja California – dort, wo die Wasser des Golfs von Kalifornien (Mar de Cortés) und des Pazifiks zusammentreffen.** Faszinierend ist die herbe Schönheit der umgebenden Natur. Auf der Halbinsel Baja California werden Sie sowohl das indianische als auch das koloniale Mexiko vergeblich suchen. *Cabo San Lucas* erscheint inmitten dieser rauen Umgebung wie eine Oase. In dem nicht einmal besonders schönen Städtchen, in dem ständig an einer Ecke ein neues Hotel, Restaurant oder Geschäft gebaut wird, treffen sich US-Touristen und Hochseeangler.

San José del Cabo ist eine gepflegte Kleinstadt, deren Bucht schon 1535 von Cortés besucht wurde und deren Geschichte bis ins 18. Jh. zurückreicht. Der Ort (70 000 Ew.) ist wesentlich beschaulicher als das 30 km südwestlich gelegene Cabo San Lucas. An der Hauptstraße, dem Bulevar Mijares, liegen einige gute Restaurants und Cafés. Zusammen mit Cabo San Lucas bildet der Ferienort die Los Cabos („die Kaps“) genannte, aufstrebende Ferienregion, deren internationaler Flughafen von Chartergesellschaften aus den USA bedient wird.

SEHENSWERTES

EL ARCO

Die der Küste vorgelagerte Felsformation mit einem natürlichen Tor an der Stelle, wo Pazifik und Golf von Kalifornien zusammentreffen, ist das Wahrzeichen der Stadt. Der Bogen lässt sich vom Festland aus erkennen, darüber hinaus werden am Hafen Bootstouren angeboten.

ESTERO DE SAN JOSÉ

Um diese Süßwasserlagune mit ausgedehnten Sümpfen konzentriert sich ein *Vogelschutzgebiet* (über 250 Arten, darunter blaue Pelikane und Goldadler). Ein Spaziergang führt zum nahen Fischerdorf *La Playita,* das zum Ferienresort ausgebaut wird. *Bahía de San José del Cabo*

FARO DE CABO FALSO

Die Ruinen des alten Leuchtturms (erbaut 1890) und ein Schiffswrack von 1912 liegen 5 km südwestlich von Cabo San Lucas in den Dünen 200 m über dem Meer. Reisebüros organisieren Touren, und an den Stränden der Stadt werden Pferde für einen Ritt zum Faro Viejo angeboten.

WALBEOBACHTUNGSTOUREN

Mit kleinen Booten nähert man sich den Grauwalen bis auf wenige Meter, vorausgesetzt, es ist Saison. Denn nur im Winterhalbjahr pflügen die sanften Meeresbewohner durch die warmen Gewässer von Baja California, um sich fortzupflanzen. Die Bootstouren können Sie in den großen Hotels, in

Baja California: Land der Kakteen

Reisebüros oder im Hafen von Cabo San Lucas (35–70 US-$) buchen.

ESSEN & TRINKEN

Die Restaurants in Los Cabos sind teurer als in den anderen Orten von Baja California; Auswahl und Konkurrenz sind groß. In den Luxusresorts speist man in perfekt gestylter Kulisse.

BAJA CANTINA BEACH

Modernes Restaurant mit Bar und Grill am El-Médano-Strand, abends mit Livemusik. *Cabo San Lucas | Playa El Médano | Tel. 01624/ 143 97 73* | €€

>LOW BUDGET

- In Creel empfiehlt sich das günstige, dabei recht komfortable Hotel *Plaza Mexicana (26 Zi. | Elfido Batista | Tel. 01635/456 02 45)*, dessen Besitzer auch die (noch preiswertere) *Pension Margarita (50 Betten | Lopéz Mateos 11 | Tel. 01635/456 00 45)* betreiben.
- Preiswertes Camping am Pazifik? Beim *Club Cabo Motel & Campground (10 Apts. | Carretera Vieja a San José del Cabo | Tel./Fax 01624/ 143 33 48 | www.mexonline.com/ clubcabo.htm)* in Cabo San Lucas werden Sie fündig.
- Unter einem Dach: Museum, Folklore und eine Vielfalt von Ausstellungen und Events finden Sie im *Centro Cultural (Di–So 10–19 Uhr | Paseo de los Héroes/Mina | www.cecut.gob.mx)* von Tijuana. Viele Veranstaltungen gibt es zum Nulltarif, einige kosten geringen Eintritt.
- Von der mexikanischen Grenzstation San Ysidro können Sie mit der Straßenbahn *Tijuana Trolley* in 45 Minuten für nur 2 US-$ ins kalifornische San Diego fahren.
- Das Hostel *Casa de Chihuahua (Calle Méndez/24a Calle | Tel. 01614/ 410 08 43 | www.casadechihuahua.com)* in Chihuahua liegt gegenüber dem Bahnhof und kostet nur 10 US-$ pro Bett.

DAMIANA

Der von Kletterpflanzen umrankte Patio des Herrenhauses aus dem 19. Jh. ist Treffpunkt der US-amerikanischen Hochseeangler. Steaks und hervorragende Fischgerichte. *San José del Cabo | Bulevar Mijares 8 | Tel. 01624/142 04 99* | €€€

PAZZO'S CABO

Ein Lichtblick unter den vielen US-Pizzerien, abends lange geöffnet. *Cabo San Lucas | Niños Héroes/J. M. Morelos | Tel. 01624/143 43 13* | €€

ÜBERNACHTEN

CASA NATALIA

Insider Tip

Edel designtes Boutiquehotel mit eleganten Suiten, Terrassen und Whirlpool sowie Patio und Pool. Im Restaurant französisch-mexikanische Küche. Eine der schönsten Adressen von Baja California. *16 Zi. | San José del Cabo | Bulevar Mijares 4 | Tel. 01624/ 146 71 00 | www.casanatalia.com* | €€€

EL DELFÍN BLANCO

Insider Tip

Einfache Hütten sowie komfortable *casitas* mit Schilfdach in einem Fischerdorf 2 km östlich von San José 300 m vom Strand; Fahrräder, Krocket. *5 Zi. | Pueblo La Playa | Tel. 01624/142 12 12 | www.eldelfinblanco.net* | €–€€

SEÑOR MAÑANA

Neben der Plaza von San José, mit Pool, Gemeinschaftsküche und Bibliothek. Alle Zimmer mit Bad, Ventilator und Kühlschrank. *12 Zi. | San José del Cabo | Álvaro Obregón 1 | Tel./Fax 01624/142 13 72 | www.srmanana.com* | €€

SPORT & STRÄNDE

Zwischen Cabo San Lucas und San José ziehen sich zahlreiche Superstrände entlang, von denen wegen der gefährlichen Strömung nur acht als Badestrände freigegeben sind. Surfer bevorzugen die *Costa Azul* und *Acapulquito* wegen der recht stürmischen Wellen. *Punta Palmilla* ist bestens geeignet zum Schnorcheln, Schwimmen und Sonnenbaden. Mehrere von Jack Nicklaus und Robert Trent Jones angelegte, mit Preisen überhäufte 18-Loch-Golfplätze warten auf Besucher mit Handicap, weitere Plätze sind in Planung. Die Südspitze von Baja California ist das Ziel von Hochseeanglern aus aller Welt und bietet die besten Fischgründe. Die Hotels im auch als „Marlin-Hauptstadt der Welt" bezeichneten Cabo San Lucas vermitteln Angelausflüge – teuer und nicht empfehlenswert!

AM ABEND

CABO WABO ▶▶

Tequila und Mezcal unter einem weißen (imitierten) Leuchtturm, jedoch recht schick. Der Club wird seit 1990 vom ehemaligen Van-Halen-Sänger und Songwriter Sammy Hagar betrieben. Täglich wechselnde Rockbands. *Cabo San Lucas | Vicente Guerrero/Lázaro Cárdenas | www.cabowabo.com*

Insider Tipp

Los Cabos: Strände für Surfer, Schwimmer und Schnorchler

AUSKUNFT

Cabo San Lucas: Hidalgo/Madero | Tel. 01624/143 41 80; San José del Cabo: Plaza San José Locales 3 y 4 | Tel. 01624/146 96 28 | www.loscabosguide.com, www.visitloscabos.travel

ZIELE IN DER UMGEBUNG

LA PAZ [160 B5]

Die Hauptstadt (190 000 Ew.) der südlichen Baja California präsentiert sich modern mit zahlreichen Geschäften, Restaurants, Kinos und Diskotheken. Die im Vergleich zu Cabo San Lucas niedrigen Preise locken junge Amerikaner an, die hier dem Hochseeangeln nachgehen. Dafür sind die Hotels etwas weniger exklusiv, die Strände nicht ganz so malerisch. Am Hafen warten Glasbodenboote, die Ausflüge zu den nahe gelegenen kleinen Inseln und den Seelöwenkolonien anbieten.

Die Shopping- und Vergnügungsstadt Tijuana präsentiert sich als ein mexikanisches Las Vegas

SAN CARLOS ★ [160 A4]

Von Mitte Januar bis Mitte April versammeln sich Grauwale in den Gewässern von Baja California, um ihre Jungen zur Welt zu bringen und sich zu paaren. Viele Aussichtspunkte sind schwierig über ungeteerte Straßen oder nur vom Meer aus zu erreichen. Relativ einfach gelangt man jedoch zu den an der Bahía Magdalena etwa 400 km nördlich von Cabo San Lucas an der Westküste gelegenen Aussichtspunkten *San Carlos, Punta Stern* sowie *Puerto López Mateos.*

TIJUANA

[156 A1] **Vom kalifornischen San Diego aus kann man mit der Straßenbahn nach Mexiko fahren und zu Fuß über die Grenze gehen.** Von dort fahren zwischen 8.30 und 21 Uhr alle 15 Minuten Mexicoach-Busse *(www.mexicoach.com)*

für 4 US-$ zur Busstation Downtown Tijuana Tourist Terminal an der Avenida Revolución.

Für die Kalifornier ist Tijuana (2 Mio. Ew.) Wochenendziel: Shopping (preiswerte Einkaufsmöglichkeiten) und Unterhaltung (Bars, Restaurants, Nachtclubs und Spielsalons) garantieren den Wohlstand der Stadt. Bereits während der Prohibition von 1920 bis 1933 erlebte Tijuana seinen ersten Boom. An der „längsten Bar der Welt", der Avenida Revolución, trafen sich seinerzeit die Durstigen von Seattle bis San Diego.

SEHENSWERTES

MUSEO DE LAS CALIFORNIAS

Historisches Museum der Halbinsel Baja California im Centro Cultural de Tijuana (CECUT) mit Ausstellungen von der präkolumbischen Archäologie über die Kolonialzeit bis ins 20. Jh. *Di–So 10–19 Uhr | Paseo de los Héroes 9350/Mina | www.cecut.gob.mx*

ESSEN & TRINKEN

CAFÉ ESPECIAL

Mexikanische Küche in einer Einkaufspassage. *Avenida Revolución 718 zwischen Calles 2 und 3 | Tel. 01644/685 66 54* | €

CARNITAS URUAPÁN

Viele mexikanische (Fleisch-)Spezialitäten, abends mit Mariachimusik. *Boulevard Agua Caliente (La Mesa) | Tel. 01644/681 61 81* | €€

ÜBERNACHTEN

LA MESA INN (BAJA INN)

Etwas außerhalb gelegenes Motel mit Balkonzimmern, Pool und Fitnessraum. *140 Zi. | Bulevar Díaz Ordaz 50/Gardenias | Tel. 01664/681 65 22 | www.bajainn.com* | €€

PUEBLO AMIGO

Modernes Haus unweit von Grenze und Zentrum. Hallenbad und gutes Lobbyrestaurant. *108 Zi. | Vía Oriente 9211 (Zona Río) | Tel. 01664/624 27 00 | www.hotelpuebloamigo.com* | €€–€€€

AM ABEND

CASA DE LA CULTURA

In dem historischen Gebäude bieten Amateure abends Pop, Folklore, Theater und Lesungen. *Paris/Lisboa (Colonia Altamira) | Tel. 01664/687 26 04*

AUSKUNFT

Avenida Revolución zwischen Calle 3a und 4a | Tel. 01664/685 22 10 | www.seetijuana.com

> MAQUILADORAS

Produziert wird in Mexiko, profitiert anderswo

Maquiladoras heißen die Freihandelsbetriebe an der Grenze Mexikos zu den USA. Die Fertigungsbetriebe profitieren von den niedrigen mexikanischen Löhnen. Rund 2000 Fabriken mit 600 000 Beschäftigten sind entstanden, regionale Schwerpunkte sind Tijuana und Ciudad Juárez. Morgens bringen Lastwagen Einzelteile heran, die zu Fertigwaren (Elektronik, Sportartikel u. a.) zusammengesetzt werden und schon abends wieder Mexiko verlassen.

> LEBENDIGE TRADITION

In Indiodörfern und auf den Märkten prächtiger Kolonialstädte lebt das alte Mexiko weiter

> Im Süden des Landes begegnen Besuchern indianische Tradition und Folklore. Bis an die guatemaltekische Grenze reichen die südlichen Bundesstaaten Chiapas und Tabasco.

In den Tälern von Chiapas leben etwa 150 000 Tzeltal- und Tzotzilindianer, Nachkommen der Maya, die jeweils ihre eigene Sprache sprechen und durch ihre Trachten voneinander zu unterscheiden sind. Der Fluss Usumacinta, der teilweise die Grenze zu Guatemala markiert, verläuft durch tropischen Regenwald und das Land der Lakandonen, ebenfalls Nachkommen der Maya. Diese leben zurückgezogen im Urwald und bedienen sich der gleichen Anbaumethoden wie einst ihre Vorfahren.

Seit Jahren schon kommt es immer wieder zu Auseinandersetzungen zwischen Großgrundbesitzern (weniger als 100 Familien gehört das Land) und den Nachkommen der

Bild: Santo-Domingo-Kirche in Oaxaca

DER SÜDEN

Maya, die am Rand des Existenzminimums leben.

Ungezählte indianische Dörfer verstecken sich in den Tälern und an den Berghängen Oaxacas. Das Leben der Einheimischen folgt noch den Traditionen. Oaxaca und Chiapas brauchen die Devisen der Touristen, deshalb wird die touristische Infrastruktur auch in kleinen Dörfern vorangetrieben, werden Naturschutzgebiete ausgebaut, entstehen Gästehäuser im landestypischen Adobestil, der Bauweise mit Lehmziegeln. Kunsthistorisch gehört die Region zu den Schatzkammern des Landes: Sie verfügt neben prächtigen präkolumbischen Stätten wie Monte Albán, Mitla und Yagul auch über bedeutsame Kolonialstädte.

Vor Tausenden von Jahren gründeten die Maya in Chiapas (sowie auf der Halbinsel Yucatán, in Guatemala und Honduras) ihre prächtigen Ritualzentren. Hunderte von Mayastätten liegen noch heute verborgen unter wucherndem Dschungel. Ihre entlegene Lage ist verantwortlich dafür, dass sie größtenteils noch nicht erforscht wurden.

OAXACA

[167 D5] ★ **Viele Besucher kommen nach Oaxaca (350 000 Ew.), um von hier aus die nahe gelegene Pyramidenanlage Monte Albán zu besichtigen.** Oaxaca, die

Das Museo de las Culturas de Oaxaca widmet sich den Kulturen der Indiovölker

Hauptstadt des gleichnamigen Bundesstaats, begeistert wegen ihrer beschaulichen, fast provinziell wirkenden Atmosphäre. Architektur und Stadtplanung erinnern mit ihren einstöckigen Patiohäusern und den schnurgerade verlaufenden Straßen an die Kolonialzeit, die zahlreichen Gewerbe treibenden Indios in ihren bunten Trachten belegen die Bedeutung Oaxacas als Markteinzugsgebiet. Allabendlich versammeln sich die Besucher in den Restaurants und Cafés rund um den Zócalo.

SEHENSWERTES

ANDADOR MACEDONIO ALCALÁ

Vom Zentralplatz zieht sich eine Fußgängerzone nach Norden, die von zahlreichen kolonialen Gebäuden gesäumt wird. Einige beherbergen Restaurants und Geschäfte. Beachtenswert sind besonders die *Juristische Fakultät* der Universität, die *Bibliothek* und das kleine *Museum für zeitgenössische Kunst. Zwischen Zócalo und Santo-Domingo-Kirche*

CASA BENITO JUÁREZ

Der in einem kleinen Dorf bei Oaxaca geborene Zapoteke und 1858 zum mexikanischen Präsidenten gewählte Benito Juárez verbrachte in diesem Haus einige Jugendjahre bei einer wohlhabenden Familie. Das Museum vermittelt einen interessanten Einblick in den Lebensstil des 19. Jhs. *Di–Sa 10–19, So 10–17 Uhr | García Vigil 609/Carranza*

MUSEO DE LAS CULTURAS DE OAXACA

Ein unbedingtes Muss: Im stilvollen Rahmen eines ehemaligen Dominikanerklosters sind archäologische Exponate und eine ethnografische Sammlung untergebracht, die einen nachhaltigen Eindruck vom Leben der vergangenen und gegenwärtigen Indiovölker vermitteln. Der eigentliche Schatz des Museums sind die im Grab 7 in Monte Albán entdeckten mixtekischen Grabbeigaben aus Jade und Gold. *Di–So 11–20 Uhr | neben der Santo-Domingo-Kirche*

MUSEO RUFINO TAMAYO ★

Der große mexikanische Maler der Moderne war ein Liebhaber und Sammler präkolumbischer Kunst. Ei-

Garküchen, Saft- und Obststände prägen das Straßenbild vieler Städte

nen Großteil seiner Schätze übergab er dem Staat Oaxaca. In fünf Sälen des ehemaligen Inquisitionshauses befinden sich die von Tamayo nach ästhetischen Gesichtspunkten zusammengestellten Objekte. *Mi–Sa 10–14 und 16–19, So 10–15 Uhr | Avenida Morelos 503*

PLAZA PRINCIPAL

Ein verkehrsberuhigter Zócalo, umgeben von Cafés und Arkadenrestaurants; auf der Rundbühne täglich Konzerte. Den *Palacio de Gobierno* schmückt ein Wandgemälde des berühmten Mexikaners Arturo García Bustos zur Geschichte Oaxacas. Die *Kathedrale* (aus grünem Serpentin) beherbergt einen Altar aus griechischem Marmor und mehrere spanische Gemälde des 16. und 17. Jhs.

SANTO-DOMINGO-KIRCHE

Die von zwei mächtigen Türmen flankierte Fassade der ab 1575 erbauten Barockkirche zeigt Heilige des

MARCO POLO HIGHLIGHTS

★ **Oaxaca**
Beschauliche Ruhe und ein Zócalo ohne Autos (Seite 94)

★ **Museo Rufino Tamayo**
Synthese aus Schönheit und Bedeutung (Seite 94)

★ **Monte Albán**
Auf der Bergkuppe wurde ein Platz für die Götter geschaffen (Seite 98)

★ **Tempel der Inschriften**
Ein vollkommener Blick über die Pyramiden von Palenque (Seite 100)

★ **Wasserfälle von Agua Azul**
Sieben Kilometer Wasserfälle (Seite 103)

★ **San Juan Chamula**
In der Kirche ist das Fotografieren verboten – aber nicht das Zuschauen (Seite 107)

Dominikanerordens. Erst im Kircheninneren kommt die barocke Pracht zur Entfaltung. *Tgl. 7–14 und 16–20 Uhr | Alcalá/Gurrión*

ESSEN & TRINKEN

HOSTERÍA DE ALCALÁ

Sehr empfehlenswert: aufmerksamer Service, prima Essen und ein wunderschöner Innenhof. *Calle M. Alcalá 307 | Tel. 01951/516 20 93 | www.hosteriadealcala.com* | €€

>LOW BUDGET

- Einen geselligen Abend für Preisbewusste verspricht das ▶▶ *Centro Cultural El Puente (Real de Guadalupe 55 | Tel. 01967/678 37 23 | www.elpuenteweb.com)* in San Cristóbal de las Casas mit Kunstgalerie, Sprachschule, günstigem Restaurant und Kino.
- Perfekte Lage und preiswert: In unmittelbarer Nähe der Pyramiden von Palenque betreibt *Maya Bell* ein Hostel mit Campingplatz *(20 Zi. | Carretera Palenque-Ruinas km 5,5 | Tel. 01916/348 42 71 | www.mayabell.com.mx)*.
- Das *Backpackers Hostel (Real de Mexicanos 16 | Tel. 01967/674 05 25 | www.backpackershostel.com.mx)* in San Cristóbal de las Casas bietet neben Schlafplätzen auch fünf günstige Doppelzimmer mit Bad.
- Acht zapotekische Gemeinden, sogenannte Pueblos Mancomunados, 60 km nordöstlich von Oaxaca bieten ökologische Expeditionen (zu Fuß, Fahrrad, Pferd) mit Kost und Logis sowie Begleitung zu niedrigem Preis. *Sierra Norte | M. Bravo 210 | Tel. 01951/514 82 71 | www.sierranorte.org.mx*

LA OLLA

Café, Bar und Restaurant mit regionaler Küche, diversen Kaffeespezialitäten und Fruchtsäften; außerdem eine nette Kunstgalerie. *Reforma 402 (Nähe Santo-Domingo-Kirche) | Tel. 01951/516 66 68 | www.laolla.com.mx* | €

EL PORTAL DE LA SOLEDAD

Phantastische Lage über dem Zócalo, teilweise schöne Aussicht auf den Platz. Serviert wird kreative regionale Küche. *Portal B. Juárez 116 | Tel. 01951/516 47 47* | €€€

EL SAGRARIO

Traumhafter Patio beim Zócalo, regionale Küche plus Pizza, Pasta und Fischgerichte. *Valdivieso 120 | Tel. 01951/514 03 03 | www.sagrario.com.mx* | €€

EINKAUFEN

Oaxacas Kunsthandwerksprodukte, die von Indios auch auf der Straße verkauft werden, genießen einen hervorragenden Ruf. Die Touristeninformationen halten eine Liste der Markttage in den umliegenden Dörfern bereit.

GALERÍA QUETZALLI

Kunstgalerie, die zu den von Francisco Toledo – Mexikos wohl berühmtestem zeitgenössischem Maler – initiierten Kulturprojekten gehört; auch dessen Bilder werden in diesem Patiohaus angeboten. *Constitución 104 | beim Ostportal der Santo-Domingo-Kirche*

Insider Tipp **MUJERES ARTESANAS DE LAS REGIONES DE OAXACA (MARO)**

Eine Kooperative von Kunsthandwerkerinnen aus Dörfern der Umgebung: Textilien, Keramik, Schmuck, Teppiche mit präkolumbischen Motiven. *5 de Mayo 204*

ÜBERNACHTEN

CAMINO REAL

Das 1576 erbaute frühere Kloster Santa Catalina, heute unter Denkmalschutz, ist eine der stilvollsten Adressen des Landes. Diverse Patios mit hübschen Gärten und Arkadengänge locken zum Spazieren, in den Zimmern sind zum Teil noch die ursprünglichen klösterlichen Bemalungen erhalten. *91 Zi. | 5 de Mayo 300 | Tel. 01951/501 61 00 | www.caminoreal.com/oaxaca* | €€€

POSADA CATARINA

Rustikale Unterkunft in einem historischen Haus des Zentrums mit Dachterrasse und eigener Cafeteria für das Frühstück. Dazu Parkplatz, Patio und Garten. *30 Zi. | Aldama 325 | Tel. 01951/516 42 70* | €€

Insider Tipp **CASANTICA**

Einen Block vom Zócalo ein ehemaliges Konvent mit umlaufenden Galerien aus dem 16. Jh., vorzüglich restauriert und um ein neues Gebäude erweitert. Mit Pool in einem Patio. *49 Zi. | Morelos 601 | Tel. 01951/516 26 73 | www.hotelcasantica.com* | €€

PAULINA

Moderne Herberge im Zentrum für junge Leute mit allen Annehmlichkeiten wie Dachterrasse, Parkplatz und Garten. 96 Betten in Schlafsälen und Doppelzimmern. *Trujano 321 | Tel./Fax 01951/516 20 05 | www.paulinahostel.com* | €

Das sind die mexikanischen Moves: *Guelaguetza*-Tänzerin in der Casa de Cantera

AM ABEND

CASA DE CANTERA

Bar und Restaurant (Oaxacaküche) mit bunten *guelaguetza*-Volkstanzshows. *Tgl. 20.30 Uhr | Armengol 104 | Tel. 01951/514 75 85 | www.casadecantera.com*

LA NUEVA BABEL Insider Tipp

Kleine Bar der Alternativszene, im Patio häufiger Lesungen, *trova*-Gesang, Jazz und experimentelle Musik. *Porfirio Díaz 224/Matamoros*

OAXACA

AUSKUNFT

Independencia 607; Murguia 206 | Tel. 01951/516 01 23 | www.oaxaca.gob.mx | www.oaxacainfo.com

ZIELE IN DER UMGEBUNG

MITLA [167 D5]

Nicht nur Fotografen sind hingerissen von der geometrischen Gestaltung der Architektur im 43 km entfernten Mitla (12 000 Ew.). Im Palast der Säulen *(Palacio de las Columnas)* tragen die Wände der Patios und Räume einen Fassadenschmuck, der durch Licht und Schatten seine Schönheit offenbart. Annähernd 100 000 Ziegel haben mixtekische Künstler mosaikartig behauen und zahlreiche Rauten- und Mäandermuster geschaffen. Mitla bedeutet „Ort der Toten“, selbst in den (leider geplünderten) kreuzförmigen Königsgräbern schmückte man die Wände auf diese Art. *Tgl. 9–17 Uhr*

MONTE ALBÁN ★ [166 C5]

Nur knapp 10 km von Oaxaca liegt eine der großartigsten Pyramidenanlagen Mexikos, das einstige Kultzentrum der Zapoteken. In knapp 2000 m Höhe wurde von den ersten Siedlern des Tals, vermutlich Olmeken, die Kuppe des Monte Albán, des „Weißen Bergs“, abgetragen. Auf der so entstandenen 200 × 300 m großen Fläche errichteten sie Tempel und Paläste. Wissenschaftler gliedern die geschichtliche Entwicklung Monte Albáns in fünf Phasen, die die Zeit von etwa 800 v. Chr. bis 1521 umfassen. Höhepunkt der Entwicklung war Monte Albán III (0–900): Zapoteken überbauten alte und errichteten neue prächtige Bauwerke; der Platz nahm seine heutige Form an. In der Folgezeit wandelten die Mixteken die Anlage in einen Bestattungsplatz um. Zu den interessantesten Bauwerken zählt das nördlich der Südplattform liegende *Observatorium* (ca. 100 n. Chr.); wahrscheinlich diente der Tempel mit zugespitztem Grundriss zur Himmelsbeobachtung; ein Tunnel führt quer hindurch. Noch aus Monte Albán I stammt das *Gebäude der*

Monte Albán: Auf der abgetragenen Bergkuppe errichteten die Olmeken ihre Pyramidentempel

Tänzer (danzantes) an der südlichen Westseite, in dessen Innerem sich Reliefplatten mit olmekisch aussehenden Menschenfiguren befinden. *Tgl. 8–17 Uhr*

YAGUL [167 D5]
Der Ausflug lässt sich gut mit Mitla verbinden: 15 km vor der archäologischen Stätte liegt Yagul, die alte Kultstätte der Zapoteken und Mixteken. Ausgrabungsfunde sprechen für eine Besiedlung bereits um das Jahr 600 v. Chr. Die erhaltenen Bauwerke stammen allerdings aus einer wesentlich späteren Epoche (900–1200 n. Chr.), aus der Übergangsphase von zapotekischer zu mixtekischer Macht. Die kleinere Anlage wird von *La Fortaleza* beherrscht, einer weithin sichtbaren Hügelfestung. Südlich davon gruppieren sich die Paläste und Wohnviertel der einstigen Bewohner. Zwischen Kakteen und Agaven erstrecken sich die Bauwerke über zahllose Treppen. Beeindruckend ist der Grundriss des *Palacio de los Seis Patios* (Palast der sechs Innenhöfe), einer rechteckigen, 60 × 80 m umfassenden Anlage, die von der Kunst der alten Baumeister zeugt. *Tgl. 9–17 Uhr*

ZAACHILA [166 C5]
Die stark indianisch geprägte Kleinstadt (30 000 Ew.) 17 km südwestlich von Oaxaca mit kolonialen Zentrum – vermutlich die letzte Hauptstadt der Zapoteken vor der spanischen Invasion – veranstaltet donnerstags einen großen Markt mit viel Kunsthandwerk, auf dem auch Vieh und Kleintiere gehandelt werden. In der *Zona Arqueológica (tgl. 10–17 Uhr)* gibt es zwei von den Zapoteken angelegte und später von den Mixteken übernommene Grabstätten; die an Grab I angebrachten Stuckreliefs sind besonders gut erhalten. *www.zaachila.net*

Insider Tipp

PALENQUE

[168 B4] **Besonders eindrucksvoll ist an diesen Mayapyramiden, die zu den berühmtesten ganz Mexikos gehören, ihre Lage in etwa 200 m Höhe in dichtem Dschungel zu Füßen des Usumacintagebirges am Ufer des Flusses Otulum.** Vom Rand des tropischen Regenwalds, dessen dichtes Grün die Pyramiden, Tempel und Paläste umschließt, schweift der Blick über die fast endlos erscheinende Ebene zum Golf von Mexiko in Richtung der 150 km entfernten Großstadt Villahermosa. Neben dieser landschaftlich schönen Lage sind es die teilweise hervorragend erhaltenen Dekorationen der Bauwerke, die die Besucher begeistern.

Die archäologische Stätte liegt etwa 8 km von der unbedeutenden und wenig attraktiven Stadt Palenque entfernt, deren 70 000 Ew. ganz auf den Tourismus eingestellt sind. Ein Fußweg führt von der Stadt zur Ausgrabungsstätte, die alte Flugpiste wurde zum Regionalflughafen ausgebaut. Über eine neue Straße nach Bonampak und Yaxchilán sind diese Orte jetzt gut zu erreichen.

Die heutige Gestalt der Anlage geht auf das 7. Jh. zurück. Um 642 begannen die Maya mit dem Aufbau der riesigen Zeremonialstätte, 300 Jahre später verließen sie den Stadtstaat, ohne dass man Hinweise auf die Gründe fand.

SEHENSWERTES

MUSEO DE PALENQUE

An der Straße zu den Ruinen liegt das neue Museum von Palenque mit Fundstücken aus der Anlage. Leider wurden die schönsten und wichtigsten Objekte nach Mexiko-Stadt gebracht. *Carretera Ruinas km 6,5 | tgl. 9–17 Uhr*

Aus dem 7. Jh. stammt die riesige Zeremonialstätte der Maya in Palenque

RUINAS DE PALENQUE

Der Rundgang durch die Tempelanlage sollte möglichst früh beginnen, weil es in Palenque mittags sehr schwül wird. Regenjacke und Insektenschutzmittel gehören im Sommer zur Besichtigung dazu. Zu dem berühmten ★ *Tempel der Inschriften (Templo de las Inscripciones),* 21 m hoch, führt eine steile Treppenanlage über acht Plattformen, ein bequemer Aufgang verläuft an der Rückseite. Fünf Eingänge zieren den Tempel, an dessen mittlerer Wand 617 Hieroglyphen prangen. Diese gaben dem äußerst eindrucksvollen Gebäude seinen Namen.

Ein 1949 entdeckter Schacht führte den mexikanischen Archäologen Alberto Ruz Lhuillier durch das Innere der Pyramide zu einer unter der Erdoberfläche gelegenen *Krypta (nur zu bestimmten, wechselnden Zeiten).* In einem steinernen Sarkophag lag der Priesterherrscher Pacal (615–683 n. Chr.) begraben. Man darf die restaurierte Treppe hinuntersteigen und sich die berühmte Abdeckplatte aus Stein ansehen.

Ein wundervoller Blick ergibt sich vom ☼ Eingangsbereich des Tempels auf den gegenüberliegenden Großen Palast *(El Palacio).* Dieser ist der größte Gebäudekomplex der Anlage. Auf einer über 100 m langen Plattform gruppieren sich zahlreiche Bauten um vier Innenhöfe. Ein über 15 m hoher Turm *(Observatorium)* kann von Schwindelfreien erklommen werden. Im gesamten Palastbereich, der auch Wohn- und Baderäume umfasst, sind Reste von Stuckdekorationen und Farbbemalungen zu erkennen. Hinter dem Palast stößt man auf den unterirdischen Aquädukt der Maya, mit dem der Otulum kanalisiert worden war.

Jenseits des Flusses liegen auf Hügeln drei zauberhafte Bauten. Der Tempel der Sonne *(Templo del Sol)* verfügt über einen sehr gut erhaltenen Dachkamm *(crestería).* Seinen Namen erhielt das 692 errichtete Gebäude von einem Sonnenrelief, das die Rückwand des Tempels ziert.

Kehrt man ans andere Ufer des Flusses zurück, findet man auf dem weiteren Weg durch die Zeremonialstätte die Nordtempel, fünf Gebäude in einer Reihe. Davor liegt ein spektakulärer Bau, der Tempel des Grafen *(Templo del Conde),* benannt nach dem österreichischen Mayaforscher Graf Friedrich von Waldeck, der mehrere Jahre mit seiner Gefährtin auf dem Dach des gut erhaltenen Bauwerks campierte. Seit man 1994 unter dem Tempel XIII (westlich neben der Pyramide der Inschriften) einen weiteren Sarkophag aus dem Jahr 700 mit dem Skelett einer Person mit einer Jademosaikmaske und Edelsteinschmuck entdeckte *(La Reina Roja),* werden die Ausgrabungen verstärkt fortgesetzt. Man vermutet, dass der zentrale Platz von Palenque die Nekropole der Herrscher gewesen sein könnte. *Tgl. 8–18 Uhr*

ESSEN & TRINKEN

MAYA

Am Zócalo, wechselnde, schmackhafte Menüs. *Independencia/Hidalgo | Tel. 01916/345 00 42* | €

MAYA CAÑADA

Im Stadtteil Cañada, gute regionale Küche. *Calle Merle Green 6 | Tel. 01916/345 02 16* | €€

CAFÉ DE YARA

Zweistöckiges Caférestaurant einen Block westlich des Zócalos, mit Tischen auf der Straße und bereits zum Frühstück ab 7 Uhr geöffnet. Angeboten werden mexikanische Küche sowie diverse Salate und europäische Kaffeespezialitäten. *Hidalgo 66/Abasolo | Tel. 01916/345 02 69* | €

EINKAUFEN

In der Stadt Palenque gibt es nur überteuerten Kitsch. Souvenirs findet man auch in einer Reihe von Verkaufsständen vor der archäologischen Stätte.

ÜBERNACHTEN

An der Straße von der Stadt zur archäologischen Stätte liegen zahlreiche Hotels der mittleren Preiskategorie. Preiswerte Häuser finden Sie um den Zócalo herum.

MAYA TULIPANES

Westlich des Zentrums im grünen Ortsteil La Cañada gelegen, mit einem großen Garten und recht komfortablen Zimmern. Klimaanlage, Swimmingpool und Parkplatz. *72 Zi. | Calle Merle Green 6 | La Cañada | Tel. 01916/345 02 01 | www.mayatulipanes.com.mx* | €€

MISIÓN PALENQUE

Das größte und beste Haus der ganzen Region, umgeben von Gärten und viel Grün, verfügt – neben einem großen *palapa*-Restaurant – über zwei Pools, Tennisplätze, Fitnessraum und ein Spa mit aztekischem Schwitzbad *(temazcal);* außerdem Fahrräder für Touren in die Stadt und zur archäologischen Stätte. *207 Zi. | Rancho San Martín de Porres (Periférico Oriente) | Tel. 01916/345 02 41 | www.misionpalenque.com* | €€–€€€

EL PANCHÁN

Der Komplex für Rucksacktouristen, Späthippies und Ökofreaks bietet Übernachtung vom Zelt über *hostal*-Schlafräume und einfache *cabañas* bis zu Doppelzimmern mit Bad, die auf einem großen Gelände von verschiedenen Familien betrieben werden. Mit zwei Restaurants, Pool, *temazcal* (aztekisches Dampfbad), Internet sowie Ökotouren. *Carretera Ruinas km 4,5 | kein Tel. | www.elpanchan.com* | €

Insider Tipp

Machen mit ihrem blauen Schimmer ihrem Namen Ehre: Wasserfälle von Agua Azul

AUSKUNFT

Juárez/Abasolo | Tel. 01916/345 03 56 | www.mesoweb.com

ZIELE IN DER UMGEBUNG

BONAMPAK [168 C5]

Im Grenzgebiet zu Guatemala, mitten im Regenwald von Chiapas, liegt Bonampak (140 km von Palenque), eine selten besuchte Mayakultstätte. Bonampak bedeutet „bemalte Wände" und gilt als einzigartiges Dokument der Monumentalmalkunst der Maya. Das Zentrum bildet eine Akropolis aus elf kleineren Tempeln. Im *Templo de las Pinturas* (Tempel der Malereien) wurden die Wände und Decken der drei gewölbten Säle mit bunten Fresken geschmückt. Zu sehen sind Szenen aus der Zeit von Chaan Muan, der laut Mayakalender um 776 den Thron bestieg. Die Fresken von Bonampak veranlassten die Wissenschaftler, ihre Vorstellung von einer friedfertigen Mayazivilisation aufzugeben: Abgeschlagene Köpfe und Besiegte, die auf ihre Hinrichtung warten, sind ebenso dargestellt wie Menschenopfer.

Der Besuch von Bonampak ist über eine gute Straße möglich (plus 9 km Piste), die auch nach Frontera Corozal am Río Usumacinta führt. Dort fahren Boote nach Yaxchilán (60 Min.) und Bethel (Guatemala, 30 Min.). Angebote mit kombiniertem Besuch von Bonampak und Yaxchilán in den Reisebüros von Palenque.

WASSERFÄLLE VON AGUA AZUL ★ [168 B4]

65 km von Palenque entfernt auf dem Weg nach San Cristóbal de las Casas führt eine 4-km-Abzweigung zum schönsten Wasserfall des Landes, genauer zu 7 km langen, unzähligen Wasserfällen, die hellblau durch das dichte Grün sprudeln. Die Vegetation ist üppig, die Wege matschig. Man geht an den zahlreichen Kaskaden hinauf, über notdürftige Brücken und Steinplatten. Wanderer finden malerische Plätze zum Campieren. Einfache Restaurants und Erfrischungsstände sind vorhanden, öffentlicher Verkehr nur auf der Hauptstraße.

YAXCHILÁN [168 C5]

Die Stätte gilt neben Palenque als bedeutendste im Süden Mexikos. Ein Besuch gehört zu den nachhaltigsten Eindrücken einer Reise. Umgeben von Regenwald, gruppieren sich rund 100 Bauwerke um das Ufer des Usumacintastroms. Als Zentrum der Mayaanlage (500–900 n. Chr.) wurde ein Platz mit lang gezogenen, rechteckigen Gebäuden und einem Ballspielplatz ausgemacht. Detailgetreu erhalten haben sich die auf den Gebäuden angebrachten Friese und Skulpturen, die den Mayaforschern neue Erkenntnisse brachten. Auf einer Skulptur zieht sich eine kniende Frau eine mit Dornen besetzte Kette durch die Zunge, eine offenbar übliche Form des Opfers durch Kasteiung. Blut musste nicht nur bei den Azteken fließen, um die Götter zu besänftigen oder um sich die Gnade des Herrschers zu erhalten. Das Besondere an Yaxchilán sind seine Türstürze, einzigartige Zeugnisse der Mayaherrschaft. Reliefartig abgebildet wurden die Fürsten von Yaxchilán, ganz dem damaligen Schönheitsideal entsprechend: mit extrem abgeflachter Stirn und gebogener Nase.

Am schönsten ist ein Besuch in Yaxchilán in den frühen Morgen- oder Abendstunden, wenn die Stimmen des Urwalds erwachen, das Geschrei der Brüllaffen ertönt und Tukane durch die Baumwipfel gleiten.

SAN CRISTÓBAL DE LAS CASAS

[168 A5] **Obwohl schon lange kein Geheimtipp mehr, treffen sich in dem geruhsamen Kolonialstädtchen (120 000 Ew.) nach wie vor Rucksackreisende aus aller Welt.** Dazu gesellen sich zahlreiche Reisegruppen, denn San Cristóbal ist Anlaufstation in vielen Rundreiseprogrammen. Trotz des florierenden Besucherstroms hat die Stadt fast nichts von ihrer ursprünglichen Atmosphäre eingebüßt: eine überall präsente indianische Bevölkerung in ihren farbenprächtigen Trachten, durchweg mildes Klima (allerdings mit kühlen Nächten) und weiß gekalkte, einstöckige Häuser mit roten Tonziegeln und wuchtig abweisenden Holztüren, dazwischen koloniale Herrenhäuser und barocke Kirchen. Das nicht weit von der guatemaltekischen Grenze in einem hoch gelegenen Tal versteckte San Cristóbal mag zwar für manche wie am Ende der Welt liegen, doch der Besuch lohnt sich, und so mancher bleibt länger als geplant.

SEHENSWERTES

MUSEO DE LA MEDICINA MAYA Ins Ti

Die Ausstellung gibt eine Einführung in die Arten und Wirkungsweisen der indigenen Heilkräuter und -pflanzen – auch in englischer Sprache; mit kleinem Museumsshop. *Avenida Salomón González Blanco 10 (nördl. der General Utrilla jenseits des Markts links) | Mo–Fr 10–18, Sa/So 10–17 Uhr*

NA-BOLOM-MUSEUM

Die Witwe des Mayaforschers Frans Blom, Gertrude Duby-Blom, leitete bis zu ihrem Tod 1993 nicht nur das bemerkenswerte *Haus des Jaguars,* ein ethnologisches und archäologisches Museum, das der indianischen Kultur von Chiapas gewidmet ist, sondern genoss darüber hinaus auch einen hervorragenden Ruf als einfühlsame Porträtistin der Lakandonen. *Tgl. 10–18 Uhr, Führungen 11.30 und 16.30 Uhr | Guerrero 33/ Calzada Frans Blom | www.nabolom.org*

> BLUTIGER DROGENKRIEG

Touristen sind von dem Geschehen nicht betroffen

Seit einigen Jahren liefern sich in Mexiko Drogenbanden einen Krieg, der schon mehrere Tausend Tote gekostet hat. Die Opfer sind Polizisten, Ermittler und auch Zivilisten. Kapitale des Drogenhandels ist Ciudad Juárez an der US-Grenze, wo auch viele Frauenmorde ungeklärt blieben. Der Bundesstaat Guerrero und die Stadt Morelia in Michoacán sind ebenfalls Hochburgen dieser Kriminalität. Da die Aufklärungsquote für Verbrechen in Mexiko außerordentlich gering ist, wird die Regierung Calderón nicht Herr der Lage.

PLAZA 31 DE MARZO

Um den Zócalo der Stadt gruppieren sich einige schöne koloniale Gebäude, das Rathaus *(Palacio Municipal)* sowie die *Kathedrale*. Das *Haus des Stadtgründers* Diego de Mazariegos aus dem 16. Jh. *(Ecke Avenida Insurgentes)* beherbergt heute ein Hotel. Die ebenfalls aus dem 16. Jh. stammende *Kathedrale Nuestra Señora de la Asunción* besitzt einige wertvolle Barockaltäre, reiche Holzschnitzarbeiten sowie Gemälde von Juan Correa und Miguel Cabrera.

SANTO-DOMINGO-KIRCHE

Die kunsthistorisch bedeutsamste Kirche der Stadt aus der Mitte des 16. Jhs. beeindruckt bereits von außen durch ihre kompakte, wuchtige Fassade im mexikanischen Barock mit einem Habsburger Doppeladler. Vergoldete Altäre im Inneren. *General Utrilla*

ESSEN & TRINKEN

CASA DEL PAN

Insider Tipp

Historisches Haus, in dem nur frisch zubereitete vegetarische Speisen in alternativem, buddhistisch angehauchtem Ambiente aufgetischt werden. Der Besitzer ist US-Amerikaner. *Dr. Navarro 10/Domínguez | Tel. 01967/678 58 95* | €

In der Santo-Domingo-Kirche ist wirklich einmal fast alles Gold, was glänzt

LA PALOMA (LA GALERIA)

Das in der Nähe des Zócalo gelegene Restaurant mit üppig begrüntem Patio bietet ab 21 Uhr ruhige Livemusik und offeriert mexikanische (auch regionale) Küche. Im ersten Stock sind wechselnde Kunstausstellungen zu sehen. *Hidalgo 3 | Tel. 01967/678 15 47* | €€

TIERRA DENTRO CAFÉ

Großer Patio mit diversen Buch- und Kunsthandwerksständen. Empfehlenswert zum Schlendern und Schauen, auch geschätzt von jung gebliebenen

Achtundsechzigern. *Real de Guadalupe 24 | Tel. 01967/674 67 66 | www.tierradentro.org.mx* | €€

EINKAUFEN

Rund um die Santo-Domingo-Kirche bieten Straßenhändler, darunter viele Frauen aus Guatemala mit ihren Kindern, an zahlreichen Ständen und auf dem Fußboden ausgebreitet Textilien und Souvenirs zum Verkauf an.

J'PAS JOLOVILETIC

„Jene, die weben" nennt sich die Kooperative indianischer Frauen, die aus in traditioneller Weise mit Pflanzenextrakten gefärbter Wolle und Baumwolle hochwertige Textilien herstellt und verkauft. *Avenida General Utrilla 43*

ÜBERNACHTEN

SA POSADA JOVEL

Hübsches zweigeschossiges Hotel im Kolonialstil mit grünen Gärten im Innenhof und viel preiswertem Komfort fünf Blocks vom Zócalo. Es werden auch Touren in die Umgebung der Stadt angeboten. *18 Zi. | Flavio Paniagua 27 | Tel. 01967/678 17 34 | www.mundochiapas.com/hotelposadajovel* | €

RINCÓN DEL ARCO

Koloniales Haus von 1650 mit gemütlich eingerichteten Zimmern mit offenem Kamin. Reservierung ratsam. *48 Zi. | Ejército Nacional 66/Guerrero | Tel. 01967/678 13 13 | www.rincondelarco.com* | €€

AUSKUNFT

Avenida Hidalgo 1 b | Tel. 01967/678 65 70 | www.mundomaya.com.mx

ZIELE IN DER UMGEBUNG

In der näheren Umgebung von San Cristóbal liegen einige malerisch anmutende Indiodörfer. Touristen gegenüber verhalten sich die Dorfbewohner meist gleichgültig, teilweise ablehnend bis feindlich. Deshalb: äußerste Zurückhaltung beim Fotografieren und vorher stets das Einverständnis der betreffenden Person einholen! Absolutes Fotografierverbot besteht in den Kirchen.

CHIAPA DE CORZO/ CAÑÓN DEL SUMIDERO [168 A5]

60 km westlich von San Cristóbal, über eine landschaftlich schöne Serpentinenstrecke zu erreichen, liegt die Kolonialstadt Chiapa de Corzo an den Ufern des Río Grijalva. Das Städtchen verfügt über eine lebhafte *plaza* und einige sehenswerte Kolonialgebäude, darunter das *Santo-Domingo-Kloster.* Die Plaza schmückt der große Kolonialbrunnen *La Pila,* im 16. Jh. aus Ziegelsteinen erbaut und der spanischen Königskrone nachempfunden. In Chiapa de Corzo kauft man die schönsten Lackarbeiten des Landes. Das *Museo de Laca (Di–So 10 bis 17 Uhr)* am Zócalo dokumentiert die Vielfalt der verwendeten Farben und Muster. Gut und komfortabel übernachtet man im sehr empfehlenswerten Hotel *La Ceiba (54 Zi. | Avenida Domingo Ruiz 304 | Tel. 01961/616 03 89 | Fax 616 07 73 | €).*

Rustikale Lokale mit landestypischer Küche gruppieren sich um die Abfahrtsstelle der Boote in den Cañón. Insi Tip Zwei bis drei Stunden dauert die Fahrt, besonders romantisch ist es in den frühen Abendstunden. Passiert werden auf der Tour Wasserfälle und

In vielen Dörfern von Chiapas finden Sie farbenprächtige Webtextilien

moosbewachsene Felswände ebenso wie Höhlen, in die die Boote auch hineinfahren. Ein Teil der Sumideroschlucht ist in einen privaten, kostenpflichtigen ökotouristischen Park umgewandelt worden *(www.sumidero.com)*.

SAN JUAN CHAMULA ★ [168 A5]

Das meistbesuchte Dorf in Chiapas ist San Juan Chamula (etwa 10 km nordwestlich), das religiöse Zentrum der in den umliegenden Bergen wohnenden Chamulaindios. Beim Betreten der am Zócalo gelegenen Kirche (zuvor muss man im Palacio Municipal an der *plaza* eine Gebühr entrichten) folgt meist ein Chamula, um auf die Einhaltung des Fotografierverbots zu achten. Für christliche Besucher ist die Atmosphäre eigenartig: Bunt gewebte Tücher hängen von den Wänden, der Boden ist über und über mit Kiefernnadeln bedeckt, Indios hocken auf dem Fußboden, trinken Coca-Cola, entzünden Kerzen, singen, beten und unterhalten sich angeregt.

TENEJAPA [168 B5]

Ein landschaftlich schöner Ausflug führt – allerdings über schlechte Straßen – in das 30 km nordöstlich gelegene Dorf. Die von Bergen umgebene Siedlung der Tzeltalindianer ist bekannt für die Handarbeiten ihrer Webkooperative. Die von Frauen handgewebten Gürtel und Decken werden während der ganzen Woche angeboten, besonders groß ist die Auswahl jedoch an Sonntagen, dem dortigen Markttag.

ZINACANTÁN [168 A5]

Wohnort der Tzotzilindianer ist das rund 10 km nordwestlich von San Cristóbal gelegene Dorf (Fotografierverbot!), zu dem zahlreiche Busse pendeln. Man bummelt durch die ländlichen Gassen der Siedlung und besucht die *Kirche* am Ende der Straße. Ihr Inneres zeigt in besonders auffälliger Weise den Synkretismus aus indianischem Glauben und katholischer Missionierung.

> ERDÖL UND OLMEKEN

Zwischen Sümpfen, Inseln und Lagunen nahm die Kultur der alten Völker ihren Anfang

> Die Küste des Golfs von Mexiko steht für beschwerliches Reisen: Feuchtheißes Klima und wenig touristische Infrastruktur verlangen nach hartgesottenen Besuchern. Schöne Strände gibt es nur wenige entlang der von Sümpfen zergliederten Küste. Warum also hierher reisen?

Die Golfküste hat Geschichte: Hier traf die Neue auf die Alte Welt, betrat der Eroberer Hernán Cortés zum ersten Mal amerikanischen Boden. Keine *plaza* in Mexiko ist berauschender, karibischer als die von Veracruz. Alte Zeremonialstätten liegen in Nachbarschaft zu Erdölraffinerien der Neuzeit. Der Jagd nach dem schwarzen Gold verdanken wir die Entdeckung des Kultzentrums der Olmeken.

Bild: Nischenpyramide der Tempelanlage El Tajín

VERACRUZ

[167 D3] **Mexikos Tor zur Welt ist eine karibisch geprägte Metropole. Die größte Hafenstadt des Landes (800 000 Ew.) pflegt**

GOLF VON MEXIKO

ihren Ruf der Leichtlebigkeit und Weltoffenheit. Die Mixtur ist aufregend: barocke Gebäude unter hohen Palmen, Menschen aus Afrika und der Karibik, Südamerika wie Asien flanieren durch die Straßen. Auf dem Zócalo treffen sich Liebespaare und Marimbaspieler. Zur Karnevalszeit im Februar/März platzt die Stadt aus allen Nähten: Nirgendwo sonst in Mexiko wird lauter, schöner, lebhafter gefeiert.

SEHENSWERTES

ACUARIO DE VERACRUZ

Eines der landesweit besten Aquarien mit etwa 100 Becken. *Tgl. 9–19 Uhr | Bulevar Camacho | Playón de Hornos | Eintritt 70 Pesos | www.acuariodeveracruz.com*

CASTILLO DE SAN JUAN DE ULÚA

Tonnenweise wurden Gold und Silber zu Zeiten der Spanier auf die Schiffe verladen – kein Wunder, dass die Gewässer vor Veracruz Ziel von Piraten waren. Auf der lang gestreckten Koralleninsel Gallega im Hafen errichteten die Spanier deshalb eine Festung, Schauplatz zahlreicher Schlachten. Im dunkelsten Verlies saß Benito Juárez ein. *Di–So 10–17 Uhr | über einen Damm (Verlängerung der Avenida Ulúa) oder per Fähre ab Malecón | Bus ab Plaza de la República |* www.sanjuandeulua.com.mx

Karibisch-weltoffen präsentiert sich Veracruz, die größte Hafenstadt Mexikos

MUSEO DE LA CIUDAD

Die wechselvolle Geschichte der Stadt in eindrucksvollen Exponaten. *Di–So 10–18 Uhr | Zaragoza 397*

PLAZA DE ARMAS ★

Der Zócalo der Stadt, auch *Plaza de la Constitución* genannt, ist ein tropisch anmutender Platz, umgeben von Palmen und üppig blühenden Gewächsen. Unter Arkaden *(portales)* sitzt man in den Abendstunden zusammen, isst in den zahlreichen Freiluftrestaurants und Cafés, untermalt von den Klängen der Marimbaspieler. Der Platz ist umringt von mehreren historischen Gebäuden, darunter die prachtvolle Kathedrale *(La Parroquia)* von 1734.

PLAZA DE LA REPÚBLICA

Den schmalen, lang gezogenen Platz säumen öffentliche Gebäude des 19. Jhs.: das Zollhaus *(Aduana Marítima)*, das Hauptpostamt *(Correo y Telégrafo)* mit üppig gestalteter Fassade und der kachelverzierte Bahnhof *(Estación de Ferrocarriles)*. Größtes

Gebäude ist das an der Westseite liegende *Registro Civil. Gegenüber dem Hafen*

ESSEN & TRINKEN

Freiluftrestaurants, in denen Fisch und Schaltiere am offenen Feuer gegrillt werden, liegen am *Malecón del Paseo* und *Bulevar Ávila Camacho.*

GRAN CAFÉ DE LA PARROQUIA

Das traditionsreichste Café der Stadt, ein absolutes Muss. Ob Frühstück oder Dinner, dazu gehört immer ein kunstvoll servierter *lechero* (Milchkaffee). *Gómez Farias 34/Malecón | Tel. 01229/932 25 84* | €€

PARDIÑOS

Gute Regionalküche, Spezialität Meeresfrüchte. Zu empfehlen sind die Krebsgerichte, gratinierte Austern und die gefüllte Ananas. *Avenida Zamora 40 (Boca del Río) | Tel. 01229/986 01 35* | €€€

ÜBERNACHTEN

COLONIAL

Kolonialhaus am Zócalo. Fragen Sie nach den (Balkon-)Suiten mit Blick zur Plaza! Von den Gästen ebenfalls geschätzt: die Schwimmhalle und der hoteleigene Parkplatz. *179 Zi. | Miguel Lerdo 117 | Tel. 01229/932 01 93 | www.hcolonial.com.mx* | €€

IMPERIAL

Stilvolles Kolonialhaus im Zentrum, einst Herberge von Kaiser Maximilian. Es herrscht viel Betrieb, Zimmer nach hinten sind deutlich ruhiger. *81 Zi. | Miguel Lerdo 153 | Tel. 01229/932 12 04 | www.hotelimperialveracruz.com* | €€

AUSKUNFT

Palacio Municipal | Zaragoza/Lerdo (Zócalo) | Tel. 01229/200 22 00 | www.veracruz.com.mx

ZIELE IN DER UMGEBUNG

LA ANTIGUA [167 D3]

In dem kleinen Fischerdorf 25 km nördlich, das über die gut ausgebaute MEX 180 zu erreichen ist, verstecken sich unter den Luftwurzeln jahrhundertealter Bäume die Reste der *Casa de Cortés.* Was von Cortés' Wohnhaus übrig blieb, ist frei zugänglich; das schwüle, tropische Klima schafft eine lähmende Atmosphäre. Eine kleine, weiße Kapelle wird als erste Kirche der Spanier auf mexikanischem Boden ausgegeben.

MARCO POLO HIGHLIGHTS

★ Plaza de Armas
Karibische Atmosphäre herrscht in Veracruz nicht nur zur Karnevalszeit (Seite 110)

★ El Tajín
Das Geheimnis der Nischenpyramide konnte bisher noch niemand lüften (Seite 112)

★ CICOM
Schätze der Maya und Azteken zeigt das archäologische Museum in Villahermosa (Seite 113)

★ Parque Museo La Venta
Ein tropischer Park in Villahermosa beherbergt die steinernen Monumentalskulpturen der Olmeken (Seite 113)

Skulpturen von La Venta: Zeugnis der 3000 Jahre alten Olmekenkultur

EL TAJÍN ★ [166 C2]

240 km nordwestlich von Veracruz liegt eine geheimnisvolle Tempelanlage, die vermutlich zwischen 300 und 1100 ihre Blütezeit erlebte. Einige der Gebäude, wie die 25 m hohe Nischenpyramide *(Pirámide de los Nichos),* stammen aus dem 6./7. Jh. Das siebenstöckige Bauwerk zählt 364 Nischen, zusammen mit dem Tempel auf der Spitze ergeben sich so viele, wie das Jahr Tage hat. Die Bedeutung der Nischen ist ebenso unbekannt wie die Erbauer von El Tajín. Bisher wurde rund ein Zehntel der Stätte freigelegt, darunter mehrere Ballspielplätze. *Tgl. 9–17 Uhr*

JALAPA [166 C3]

Auf 1400 m Höhe, inmitten üppiger Vegetation und umgeben von Kaffeeplantagen, liegt 130 km nordwestlich von Veracruz die alte Kolonialstadt Jalapa, auch Xalapa geschrieben (350 000 Ew.). Wichtigste Sehenswürdigkeit ist das moderne Insider Tipp *Museo de Antropología (Di–So 9–17 Uhr | Avenida Xalapa | www.uv.mx/max),* neben dem in Mexiko-Stadt das bedeutendste des Landes. Es zeigt Monumentalskulpturen der Olmeken ebenso wie Terrakotten und Gebrauchsgegenstände der Totonaken und Huaxteken, jener drei Kulturen, die die Golfküste prägten.

VILLAHERMOSA

[168 A4] **Tabasco ist Mexikos reichster Bundesstaat, der 1598 an den Ufern des Río Grijalva gegründete Ort Villahermosa(570 000 Ew.) seine Hauptstadt.** Landwirtschaft und vor allem die Ölindustrie schufen den Wohlstand, Sümpfe und Dschungel prägen die Landschaft.

Villahermosa präsentiert sich als eine Stadt, in der moderne Straßenzüge, große Einkaufskomplexe sowie Glas- und Stahlhochbauten die Szenerie bestimmen. Fein herausgeputzt wurde die *Zona Luz,* das alte Zentrum von Villahermosa mit neuem Pflaster und Jugendstillaternen. Die spanischen Häuser wurden sorgfältig restauriert und in Restaurants, Cafés und Läden umgewandelt. Im Norden grenzt der Parque Juárez an.

SEHENSWERTES

CICOM ★

Das *Centro de Investigación de las Culturas Olmeca y Maya* steht bei Anthropologen ganz oben auf der Hitliste. Viele Wissenschaftler widmen sich hier der Erforschung der Olmeken- und Mayakultur und schufen auf vier Etagen mit dem *Museo Regional de Antropología Carlos Pellicer Cámara* eine der angesehensten präkolumbischen Sammlungen. *Di–So 9–18.30 Uhr | Avenida Carlos Pellicer 511 (am Flussufer)*

PARQUE MUSEO LA VENTA ★

Bei Erdölbohrungen stießen Arbeiter 1938 im 130 km entfernten La Venta auf eine Sensation: 3000 Jahre alte Monumentalskulpturen der Olmeken aus Basalt und Granit traten ans Tageslicht, das Vermächtnis der vermutlich ältesten Hochkultur Amerikas: 25 t schwere und bis zu 2,70 m hohe Riesenhäupter mit fremdartigen Gesichtszügen, aufgeworfenen Lippen und breiten Nasen. Neben kleinfigürlichen Darstellungen wurden auch Gräber und Opferstätten ausgegraben, Altäre in Form von weit geöffneten Rachen. Von La Venta wurden die Kolosse nach Villahermosa gebracht. Auf einem großen Gelände schuf der landesweit angesehene Literat Carlos Pellicer Cámara ein Freilichtmuseum von Weltrang. 33 der Monumentalskulpturen wurden in einer Art tropischem Naturpark aufgestellt. Ein Zoo zeigt die Tiere des Dschungels, dazu eine große Vogelvoliere. *Tgl. 8–16 Uhr | Avenida A. Ruíz Cortínes*

>LOW BUDGET

- Im *Hotel Acuario (121 Zi. | Valencia 225/Avenida Juan de Dios Peza | Tel. 01229/937 44 22)* von Veracruz sind die Zimmer zwar klein und schlicht ausgestattet, dafür jedoch sehr preiswert.
- Tägliches Gratiskonzert in Veracruz: Auf der *Plaza de Armas* spielen allabendlich Straßenmusiker. Ihnen können Sie nicht nur in den Lokalen unter den Arkaden lauschen, sondern auch auf einer der zahlreichen Parkbänke.

ESSEN & TRINKEN

In der *Zona Luz* liegen viele Restaurants. Probieren Sie *pejelagarto* (Süßwasserfisch in diversen Zubereitungen)! Abends empfiehlt sich eine Fahrt mit dem Restaurantschiff *Capitán Beuló (ab Madrazo Dock).*

ÜBERNACHTEN

CAMINO REAL

Ein neueres Haus im modernen Stadtteil Tabasco 2000, von Grün umgeben. *197 Zi. | Prolongación Paseo Tabasco 1407 | Tel. 01993/310 02 01 | www.caminoreal.com/villahermosa* | €€€

PLAZA INDEPENDENCIA

Komfortabel und zentral – mit kleinem Pool im Patio sowie eigenem Parkplatz.. *89 Zi. | Independencia 123 | Tel. 01993/312 12 99 | www.hotelesplaza.com.mx* | €

AUSKUNFT

Avenida Los Ríos/Calle 13 (Tabasco 2000) | Tel. 01993/356 03 93 | www.villahermosa.gob.mx

> PYRAMIDEN UND PALMENSTRÄNDE

Auf der karibischen Halbinsel liegen endlose Strände und imposante Bauten der Maya dicht beieinander

> Als große, flache Scheibe liegt die yucatekische Halbinsel zwischen dem Golf von Mexiko und der Karibischen See. Die meisten Urlauber reisen an die der Karibik zugewandte Ostküste; hier erwartet sie eine hervorragend erschlossene Ferienwelt. Kilometerlange, schneeweiße Sandstrände säumen ein türkis- bis smaragdfarbenes Meer mit einer Temperatur von 25 Grad und mehr.

Unterwassersportler entdecken im Meer ein einzigartiges Revier mit Scharen tropischer Fische und Meeresschildkröten. Vor der Südwestküste Cozumels liegt das Palancarriff mit herrlichen Korallengärten, Höhlen und Steilwänden, das Taucher aus aller Welt anzieht. Und das Schönste: Nur einen Katzensprung von den Urlaubszentren entfernt befinden sich auf der yucatekischen Halbinsel einige der größten, am besten erhaltenen und interessantesten Pyramidenstätten Mexikos, die sich bequem in

Bild: Playa Ballenas bei Cancún

YUCATÁN

einem Tagesausflug besuchen lassen. Ausführliche Informationen finden Sie im MARCO POLO „Yucatán".

CAMPECHE

[168 C2] **Die Hauptstadt (250 000 Ew.) des gleichnamigen Bundesstaats ist die älteste spanische Stadt der Halbinsel.** Bereits zu Kolonialzeiten wurde der Hafen mit gewaltigen Bastionen *(baluartes)* und Mauern vor Piratenangriffen geschützt. Campeche ist von Mérida über die gut ausgebaute Schnellstraße MEX 180 in etwa zwei Stunden zu erreichen.

SEHENSWERTES

BALUARTES (FESTUNGSANLAGEN)

Auf Resten der alten Wehrmauer, die auf 2,5 km die Altstadt umgab und durch Bastionen unterbrochen wird, kann man noch heute spazieren. Die historischen Bauwerke können ebenfalls besichtigt werden; die Umgebung des (teilweise zerstörten) *Baluarte de Santiago* (Calle 8 nördlich des Zentrums) wurde zum *Botanischen Garten Xmuch Haltún.*

CENTRO CULTURAL CASA 6

Der koloniale Reichtum der Stadt spiegelt sich im heutigen Kulturzentrum mit Café, einem spanischen Herrenhaus, das meisterhaft restauriert wurde. Die maurische Fassade besteht aus handgefertigten Fliesen. Ausstellungen, Kunst und Folklore. *Tgl. 9–21 Uhr | Calle 57 Nr. 6 (Südseite der Plaza Principal)*

MANSIÓN CARVAJAL

Eines der kolonialen Prachthäuser der Stadt mit überwältigender Fassade, maurischen Bögen und viel Schmiedeeisen. *Calle 10 Nr. 14 (zwischen Calles 51 und 53)*

Koloniale Prachthäuser mit maurischen Bögen: Straße im Zentrum von Campeche

TUKULNÁ

Prächtiger Stadtpalast mit hohen Balkendecken und reich dekorierten Räumen, die heute als Laden für Kunsthandwerk aus dem Staat Campeche dienen. *Calle 10 Nr. 333 (zwischen Calles 59 und 61) | www.tukulna.com*

ESSEN & TRINKEN

CENADURIA PORTALES

Genießen Sie einfache regionale Gerichte unter den Arkaden eines hübschen Platzes und in Gesellschaft vieler Einheimischer. *Calle 10 Nr. 86/Plazuela San Francisco | Tel. 01981/811 14 91 | €*

EL RINCÓN TARASCO

Die Vielfalt mexikanischer Tacos, dazu regionale Fleischspezialitäten und einige Klassiker der internationalen Küche. *Calle 12 Nr. 112 (zwischen Calles 51 und 53) | Tel. 01981/ 816 75 32* | €€

EINKAUFEN

Im Baluarte San Pedro wurde ein Kunsthandwerkszentrum eingerichtet; großes Angebot an geflochtenen Panamahüten. *Calle 51*

ÜBERNACHTEN

AMÉRICA

Ehemals stilvolles Haus, heute etwas zerfallen, preiswert. *49 Zi. | Calle 10 Nr. 252 | Tel. 01981/816 45 88 | www.hotelamericacampeche.com* | €

BALUARTES

Modern und komfortabel, nur durch die Uferstraße vom Meer getrennt. *100 Zi. | Avenida 16 de Septiembre 128 | Tel. 01981/816 39 11 | www.baluartes.com.mx* | €€

HOSTAL DEL PIRATA (PIRATE HOSTEL)

Im Zentrum, schöner Blick von der Dachterrasse auf die Altstadt; Treffpunkt junger Backpacker. Gepäckaufbewahrung, Fahrradverleih, Dschungeltouren. *4 Zi. und 2 Schlafsäle | Calle 59 Nr. 47 | Tel./Fax 01981/811 17 57 | http://usuarios.multimania.es/piratehostel* | €

AUSKUNFT

Plaza Moch Couoh/Avenida Ruiz Cortines | Tel. 01981/127 35 20 | www.campeche.gob.mx, www.campeche.travel.com

CANCÚN

[169 F1] Wer saubere, breite, weiße Sandstrände liebt, Feinschmeckerrestaurants und ein breites Sportangebot schätzt, der ist richtig in Cancún (950 000 Ew.). An einer 25 km langen, L-förmigen Sandbank zwischen Karibischem Meer und der mehr als 100 km² großen Lagune Nichupté liegen gleich mehrere Dutzend komfortable Hotels.

Die neuen Fußgängerzonen im Zentrum rund um die Hauptstraße Avenida Tulum bieten über 100 Geschäfte und Boutiquen, dazu Restaurants und Diskotheken. Ein *Aquabus* verkehrt auf der Lagune *(tgl. 9–23 Uhr im Stundentakt)* zu zwölf Haltestellen, einfache Fahrt 3 US-$. Wem

MARCO POLO HIGHLIGHTS

★ Mérida
Eine alte Kolonialstadt mit vielen Sehenswürdigkeiten und jugendlichem Charme (Seite 123)

★ Chichén Itzá
Wo die Tolteken die Maya trafen – und was bei der Verbindung herauskam (Seite 124)

★ Uxmal
Der Tempel im Tempel: Die Pyramide des Zauberers enthält fünf Kultstätten (Seite 126)

★ Cobá
Durch den Dschungel geht es auf die höchste Pyramide der Halbinsel (Seite 127)

Strand und Shopping nicht genügen, der besucht präkolumbische Stätten, koloniale Städtchen und Naturparks. Organisierte Bustouren nach Chichén Itzá und Tulum werden in allen Hotels angeboten.

SEHENSWERTES

ACUARIO INTERACTIVO

Aufwendig gestaltetetes Aquarium mit vielen Attraktionen auf mehreren Ebenen. *Tgl. 10–20 Uhr | Paseo Kukulcán km 12,5 | Eintritt 10 US-$ | www.aquariumcancun.com.mx*

>LOW BUDGET

- Bei Ankunft am Flughafen von Cancún lässt sich gut das Taxi sparen: ADO-Busse fahren für 40 Pesos zum Busbahnhof (dort Anschluss u. a. nach Uxmal und Tulum) und für 80 Pesos direkt nach Playa del Carmen.
- *Tour gratuito* in Mérida: Montags um 9.30 Uhr startet an der Plaza Grande eine kostenlose Führung zu den Bauwerken um den Zócalo.
- Gratismusik in Mérida? Da haben Sie die Wahl: *Serenata Yucateca (Do 21 Uhr | Parque Santa Lucía | Calle 60/ Calle 55)* – yucatekische Musik und Poesie; *Noche de Trova (Fr 21 Uhr | Centro Cultural Olimpo am Zócalo)* – Trovamusik; *Noche Mexicana (Sa 20 Uhr | Paseo de Montejo/Calle 47)* – Folklore, Mariachi- und Marimbamusik.
- Auf der Isla Mujeres liegt in der Nähe von Garrafón die aus Tempelsteinen der Maya erbaute *Hacienda (tgl. 9–17 Uhr | 3,5 km vor Playa Lancheros)* des Piraten Fermín Mundaca. Der Eintritt kostet nur 20 Pesos.

RUINAS EL REY

Die archäologische Stätte mit 47 Gebäuden aus der nachklassischen Epoche (1200–1500) wurde gut restauriert; die Fundstücke sind im Museum ausgestellt. In der Anlage entdeckt man viele Leguane und tropische Vögel. *Tgl. 8–17 Uhr | Paseo Kukulcán km 19*

ESSEN & TRINKEN

100 % NATURAL

Eine echte Alternative: Gemüse, Obst und frisch gepresste Säfte. Allabendlich gibt es Jazzmusik. *Sunyaxchén 62 | Tel. 01998/884 01 02 | www.100natural.com.mx* | €

LA HABICHUELA

Karibische und yucatekische Spezialitäten, seit 30 Jahren ein Genuss. Gespeist wird im kühlen Innenraum oder – abends – bei Kerzenlicht im romantischen Patio. *Margaritas 25 (am Parque Las Palapas) | Tel. 01998/884 31 58 | www.lahabichuela.com* | €€€

NAVAJOS

Indigene Dekorelemente hinter dem Parque Las Palapas: Zum Frühstück und den köstlichen vegetarischen Gerichten trifft sich hier ein junges, internationales Publikum. *Alcatraces 18 | Tel. 01998/887 72 69* | €

EINKAUFEN

Das supermoderne Einkaufszentrum *Plaza Caracol* am Paseo Kukulcán in der Hotelzone lässt kaum einen Wunsch offen. Neben Designerkleidung finden Sie auch einheimisches Kunsthandwerk sowie gut sortierte Buchläden. Eine reiche Auswahl an

Party und Fun, Bars und Clubs: Cancún ist ein Hotspot für Vergnügungswillige

traditioneller und moderner mexikanischer Bekleidung gibt es im *Costa-Blanca-Einkaufszentrum* neben der Plaza Caracol. Kleinere Geschäfte konzentrieren sich auf der *Avenida Tulum*.

ÜBERNACHTEN

In Cancún liegen die Hotelpreise deutlich über dem Landesdurchschnitt. Die fast nur von Pauschalurlaubern besuchten Komforthotels befinden sich am Strand, preiswertere Unterkünfte gibt es in der Innenstadt.

ME CANCÚN (SOL MELIÁ)

Pyramidenförmiges Luxushotel an der Karibikseite der Hotelzone mit Pool, Tennis, Spa, Fitness und Kinderclub. *410 Zi. und 32 Suiten | Boulevard Kukulcán km 12 | Tel. 01998/881 25 00 | www.solmelia.com* | €€€

EL REY DEL CARIBE

Gepflegtes Innenstadthotel mit Swimmingpool, Spa und Tropengarten, die Zimmer (mit Küchenzeile) liegen zum Patio. *25 Zi. | Avenida Uxmal/Nader | Tel. 01998/884 20 28 | www.reycaribe.com* | €

WEARY TRAVELER MÉXICO HOSTEL

Moderne Herberge mit Internetcafé und Frühstück. Ungewöhnlich ist der „Schlafsaal" mit 20 Betten im Freien auf dem Dach. Insgesamt 64 Betten in 16 Zimmern. *Andador Palmeras 30/Avenida Uxmal | Tel./Fax 01998/887 01 91 | www.hostelz.com* | €

AM ABEND

COCO BONGO

Disko auf mehreren Ebenen für insgesamt 1800 Besucher. Rock und Pop der Siebziger- und Achtzigerjahre sowie Hip-Hop, Rave, Salsa. Typisch Mexiko: täglich Shows mit Akrobaten, Livemusik und Videos. *Tgl. ab 22 Uhr | Plaza Forum by the Sea (Boulevard Kukulcán km 9,5) | www.cocobongo.com.mx*

AUSKUNFT

Avenida Náder/Cobá | Tel. 01998/ 884 65 31; Calle Pecari | Tel. 01998/ 881 90 00; Boulevard Kukulcán km 9 (Hotelzone) | Tel. 01998/881 27 45 | www.cancun.info

COZUMEL

[169 F2] **Der Unterwasserfilmer Jacques Cousteau begründete den weltweiten Ruf der kleinen Karibikinsel (45 × 15 km) als Taucherparadies.** Heute kommt über die Hälfte der Besucher hierher, um zu tauchen. Die meisten zieht es an das Palancarriff, aber auch die Unterwasserhöhlen vor der Chankanaablagune sind für ihre tropische Tier- und Pflanzenwelt bekannt. Regelmäßig wird die Insel (85 000 Ew.) von Kreuzfahrtschiffen angelaufen. Da Cozumel zollfreie Zone ist, wimmeln die Geschäfte von Menschen aus aller Welt. Die Verbindung zum Festland ist dank zweier Fluglinien sowie mehrerer Fährschiffe ab Playa del Carmen ausgezeichnet. Verkehrsknotenpunkt ist die Inselhauptstadt San Miguel de Cozumel an der Westküste.

SEHENSWERTES

LAGUNE CHANKANAAB

Um die Lagune herum wurde ein Naturpark angelegt. Im glasklaren Wasser lassen sich tropische Fische in allen Farben ausmachen. *Tgl. 7–18 Uhr | etwa 9 km südlich von San Miguel | Eintritt 16 US-$*

MUSEO DE LA ISLA DE COZUMEL

Das in unmittelbarer Nähe der Schiffsanlegestelle von San Miguel in den Achtzigerjahren eingerichtete Museum zeigt Tauchfunde und Exponate zur Kultur der Maya. Ein beliebtes Restaurant (€) mit Plätzen im Freien befindet sich im ersten Stock auf der Dachterrasse des Gebäudes. *Tgl. 10–18 Uhr | Avenida Rafael Melgar/Calle 6 Norte*

Karibik wie im Werbespot: Palmenstrand auf Cozumel

ESSEN & TRINKEN

COCO'S

Mexikanische Spezialitäten und Krabben vom Grill werden ergänzt durch internationale Gerichte für Touristen. Außer montags herrscht Betrieb von 7 Uhr bis Mitternacht. *Avenida 5 Sur 180 | Tel. 01987/872 02 41* | €

LAS PALMERAS

Bereits morgens um 7 Uhr treffen sich Rucksackreisende aus aller Welt hier zum Frühstück und zum Informationsaustausch. *Avenida Rafael Melgar/Juárez (Plaza Central) | Tel. 01987/872 05 32* | €€

ÜBERNACHTEN

Die teuren Hotels liegen alle an der Westküste, meist ummittelbar am Meer. In San Miguel gibt es billigere Pensionen, allerdings liegen auch hier die Preise über dem Landesdurchschnitt.

FLAMINGO

Zentrale, dennoch ruhige Zimmer im Zentrum, schöner Blick von der Dachterrasse, dem allabendlichen Treffpunkt der Gäste auf einen Sundowner. Tauchertreff für Budgetreisende. *21 Zi. | Calle 6 Norte 81 | Tel./Fax 01987/872 12 64 | www.hotelflamingo.com* | €€

PEPITA

Eduardo Ruiz führt sein Haus mit Lust und Liebe. Zimmer mit Bad, Kühlschrank, Klimaanlage oder Ventilator, teilweise TV. Nur zwei Blocks vom Zócalo und drei vom Fähranleger. *27 Zi. | Avenida 15 Sur 120 | Tel./Fax 01987/872 00 98 | www.hotelpepitacozumel.com* | €

STRÄNDE

Von den vielen teilweise menschenleeren Stränden sind die beliebtesten *San Francisco* (etwa 17 km südlich von San Miguel) und *San Juan* (2 km nördlich). Puristen bevorzugen den einsamen *Palancarstrand* (ca. 19 km südlich), der nur über einen Feldweg zu erreichen ist.

AUSKUNFT

im Inselmuseum und an der Plaza del Sol/Avenida Juárez (zwischen 5a und 10a Avenida) | Tel. 01987/872 75 85 | www.islacozumel.com.mx

ISLA MUJERES

[169 F1] **11 km vor der Karibikküste, nördlich von Cancún, liegt die 8 km lange und bis zu 1500 m breite „Insel der Frauen".** Attraktion sind die vorzüglichen Schnorchel- und Tauchgründe. Die karibisch geprägte Isla Mujeres (15 000 Ew.) ist nicht nur ruhiger, sondern auch um einiges billiger als Cozumel und zieht deshalb ein junges Publikum an. Zwar besitzt die Insel einen kleinen Flughafen, doch der überwiegende Teil der Besucher kommt mit der Fähre über Punta Sam oder Puerto Juárez.

SEHENSWERTES

EL GARRAFÓN

Der beliebte Meeresnationalpark im Südwesten der Insel mit Fischen und anderen Meerestieren in schillernden Farben ist ein Paradies für Schnorchler (Verleih von Taucherbrillen und Flossen). Restaurant und Snackbar. *Tgl. 9–17 Uhr | Carretera Garrafón km 6/Punta Sur | Eintritt ab 15 US-$ | www.garrafon.com*

ISLA MUJERES

ESSEN & TRINKEN

Die Restaurants der Insel liegen überwiegend in der „Hauptstadt" im Norden, darunter viele Strandrestaurants. Am schönsten sitzt man in dem des *Hotels Na Balam:* Stille und weißer Karibiksand.

Haupthaus mit Standardzimmern, weitere Studios, Suiten und Apartments in Reihenhäusern. Auch all inclusive buchbar. *133 Zi. | Calle Zazil Há (Islote Yunque) | Tel. 01998/999 20 50 | www.avalonvacations.com* | €€€

Die Türme der Kathedrale: markanter Blickfang über der belebten Plaza Mayor von Mérida

LA CAZUELA

Beliebt bei jungen Reisenden ist das Restaurant mit einer großen Auswahl mexikanischer und US-amerikanischer Gerichte. *Avenida Guerrero 4 (zwischen Abasolo und Madero) | Tel. 01998/877 01 01* | €

ÜBERNACHTEN

AVALON REEF CLUB

Auf einem eigenen Inselchen am Nordrand der Isla Mujeres; modernes

FRANCIS ARLENE

Im Zentrum gelegen und doch ruhig, Kolonialstil mit Patio, alle Zimmer mit Terrasse; sehr empfehlenswert. *24 Zi. | Avenida Guerrero 7 | Tel. 01998/877 03 10 | www.francisarlene.com* | €

POSADA DEL MAR

Balkonzimmer mit Meerblick an der Strandstraße. Ein parkartiger Garten, großer Swimmingpoolbereich mit viel Grün sowie Aquädukt und Wasserfall. Zentral gelegen, doch abseits der Hauptstraße. *61 Zi. | Avenida Rueda Medina 15 a | Tel. 01998/877 00 44 | www.posadadelmar.com |* €€

AUSKUNFT

Avenida Rueda Medina 130 (gegenüber vom Pier) | Tel. 01998/877 03 07 | www.isla-mujeres.net

MÉRIDA

[169 D1] ★ Die einstige Kolonialstadt (1,3 Mio. Ew.) begeistert mit der Schönheit ihrer kolonialzeitlichen Häuser. Die Jugend trifft sich auf den zahlreichen Plätzen oder bummelt auf dem Paseo de Montejo, einem prächtigen Boulevard, an dem stilvolle Herrenhäuser liegen. Straßenverkäufer, Freiluftrestaurants, Salsarhythmen auf der Calle 60: Ab Samstagabend wird auf den Straßen der Innenstadt gefeiert, wenn diese für den Verkehr gesperrt wird.

SEHENSWERTES

CASA DE MONTEJO

Für einige ist die 1549 erbaute Residenz (heute eine Bank) das schönste koloniale Gebäude Mexikos. Beachten Sie die platereske Fassade mit dem Wappen der Montejos und die sonnigen Innenhöfe. *Mo–Fr 9–17, Sa 9–12 Uhr | Südseite des Zócalo*

CATEDRAL SAN ILDEFONSO

Die Barockkirche wurde ab 1561 aus den Steinen einer zuvor an dieser Stelle befindlichen Mayapyramide erbaut und ist damit eine der ältesten Mexikos. Interessant ist die Holzskulptur „Cristo de las Ampollas" (Christus der Brandblasen) in der Kapelle. *Ostseite des Zócalo*

MUSEO DE ANTROPOLOGÍA

Das Museum beherbergt Exponate zur Kultur der Maya und anderer präkolumbischer Völker. Wertvoll sind vor allem die aus dem heiligen Cenote in Chichén Itzá geborgenen Opfergaben. *Di–Sa 9–20, So 8–14 Uhr | Palacio Cantón (Paseo Montejo/Calle 43)*

MUSEO DE ARTE POPULAR

Insider Tipp

Das kleine Volkskunstmuseum bietet einen recht umfassenden Einblick in yucatekische Trachten und Kunstgewerbe. Wer an den typischen Produkten Méridas interessiert ist, kann sich hier umfassend über die Herstellungstechniken informieren. *Di–Sa 9.30–18.30, So 9–14 Uhr | Casa Molina, Parque Mejorada (Calle 59 Nr. 441/Calle 50)*

PALACIO DE GOBIERNO

Im Festsaal des Regierungspalasts befinden sich mehrere großartige Malereien von Fernando Castro Pacheco. Auf dem Balkon treffen sich oft die Fotografen, um von hier aus einen Schnappschuss von Kathedrale und *Zócalo* zu ergattern. *Tgl. 8–19 Uhr | Nordseite des Zócalo*

STADTRUNDFAHRT

Ein Panorama-*Turibús* fährt einmal stündlich auf einem eindreiviertelstündigen Rundkurs zu den kulturellen, historischen und architektonischen Sehenswürdigkeiten der Stadt. *Tgl. 9–21 Uhr | Ein- und Ausstieg an 6 Haltepunkten | Tageskarte 100, Sa/So 115 Pesos*

MÉRIDA

ESSEN & TRINKEN

In Méridas Restaurants serviert man yucatekische Spezialitäten mit karibischem Einschlag.

LOS ALMENDROS

Yucatekische Spezialitäten, z. B. *cochinita pibil,* Schweinefleisch in Bananenblättern und pikant gewürzt. *Calle 50 Nr. 493/Plaza de la Mejorada | Tel. 01999/923 81 35* | €

AMARO ▶▶

Trendrestaurant im Patio des Hauses, in dem Andrés Quintana Roo geboren wurde, einer der Väter der mexikanischen Unabhängigkeit. Die Küche ist spezialisiert auf Vegetarisches und *chaya,* ein spinatähnliches Gemüse. *Calle 59 Nr. 507 (zwischen Calles 60 und 62) | Tel. 01999/928 24 51 | www.restauranteamaro.com* | €€

EL PÓRTICO DEL PEREGRINO

Zauberhaftes koloniales Stadthaus, perfekt restauriert und in ein Restaurant umgewandelt. Beste mexikanische Gerichte. *Calle 57 Nr. 501 (zwischen Calles 60 und 62) | Tel. 01999/928 61 63* | €€€

EINKAUFEN

EL AGUACATE

Große Auswahl an farbenprächtigen Hängematten. Wer sich lange genug in Mérida aufhält, kann sich eine nach eigenen Entwürfen bestellen. *Calle 58 Nr. 604/Calle 73 | www.hamacaselaguacate.com.mx*

ÜBERNACHTEN

CARIBE

Ehemaliger Konvent im Zentrum mit grünem Patio und Pool auf dem Dach. Im Restaurant mexikanische Küche. *53 Zi. | Calle 59 Nr. 500 (Parque Hidalgo) | Tel. 01999/924 90 22 | www.hotelcaribe.com.mx* | €€

MARIONETAS

Kleines B-&-B-Gästehaus mit geräumigen Zimmern und großem Garten sowie Pool und kleinem (Internet-) Café. *8 Zi. | Calle 49 Nr. 516 (zwischen Calles 62 und 64) | Tel. 01999/928 33 77 | Fax 923 27 90 | www.hotelmarionetas.com* | €€

HACIENDA SANTA ROSA

Insider Tipp

Zwischen Mérida und Uxmal: riesige Räume mit hohen Decken in einer historischen Hacienda aus dem 19. Jh. Die Zimmer sind im Kolonialstil möbliert und verfügen über einen kleinen Privatgarten mit Terrasse und Minipool. Ein großer Swimmingpool lädt zum Schwimmen ein. *11 Zi. | Santa Rosabei Maxcanú | Carretera Mérida–Campeche km 129 | Tel. 01999/910 01 74 | www.grupoplan.com* | €€€

AUSKUNFT

Peón-Contreras-Theater, Calle 60/Calle 57 | Tel. 01999/924 92 90 | www.merida.gob.mx, www.yucatan.gob.mx

ZIELE IN DER UMGEBUNG

CHICHÉN ITZÁ ★ [169 D1]

Die ungefähr ab 400 n. Chr. von den Maya bewohnte Stätte wurde um 1000 vom Volk der Itzá eingenommen. Unter ihrem toltekischen König Quetzalcóatl („Gefiederte Schlange", in der Mayasprache „Kukulcán") kam es zu einer Verschmelzung von Maya- und Toltekenarchitektur.

Für den Besuch von Chichén Itzá sollten Sie einen ganzen Tag einplanen

Zu den archäologischen Schätzen Chichén Itzás, das in eine Süd- und eine Nordgruppe unterteilt wird, gehört die Pyramide des Kukulcán *(El Castillo, nicht zu besteigen).* Über einen Gang an der Nordseite der Pyramide erreicht man einen im Bauch des Gebäudes befindlichen, überbauten Tempel. In zwei Räumen warten die Opferfigur eines Chac Mool sowie ein Jaguarthron auf die Besucher. Die insgesamt 365 Stufen der 30 m hohen *Pyramide (zzt. geschl.)* mit neun Terrassen beziehen sich auf die Anzahl der Tage eines Jahrs. Achten Sie auf die Einfassungen am Fußende der Treppen, nämlich Schlangenköpfe mit geöffnetem Rachen. Zweimal im Jahr (am 21. März und 23. September) erweckt der Schattenwurf der Sonne den Eindruck, als ob sich die Reptilien langsam vom Tempel herabwinden, ein unglaubliches Schauspiel, das Tausende von Menschen anzieht.

In der Nähe des Castillo stößt man auf den Ballspielplatz *(Juego de Pelota),* mit 91 × 36 m nicht nur der größte des Landes, sondern auch der am besten erhaltene. Quer über den großen Platz gelangt man zum Tempel der Krieger *(Templo de los Guerreros),* einem von den Itzá überbauten und erweiterten Mayagebäude. Auf einer 12 m hohen Pyramide stehen fein verzierte Säulen, die ursprünglich ein Dach trugen. Das Portal des Mayatempels besteht aus zwei gewaltigen Schlangensäulen. Vor dem Eingang liegt eine Chac-Mool-Figur.

Interessantestes Gebäude der Südgruppe ist die Sternwarte, ein auch als Schneckenhaus *(El Caracol)* bekanntes Bauwerk. Eine schmale Wendeltreppe führt ins Obergeschoss eines Turms. Das Observatorium wurde vermutlich als astronomisches Messgebäude benutzt, um aus der Einstrahlung des Sonnenlichts Regelmäßigkeiten des Jahresablaufs entnehmen zu können. *Tgl. 8–19 Uhr, im Winter Ton-und-Licht-Schau um 19, im Sommer um 20 Uhr*

Unterkunft finden Sie im *Hotel Mayaland (115 Zi. | Carretera Vieja km 121 | Tel. 01985/851 01 05 | www.mayaland.com | €€–€€€)* am Südeingang.

UXMAL ★ **[168–169 C–D2]**
Die Tempel von Uxmal (80 km südlich von Mérida) gehören zu den großen Höhepunkten der späten Mayaklassik. Die Pyramide des Wahrsagers, auch Pyramide des Zauberers *(Templo del Adivino bzw. Enano)* genannt, 38 m hoch und mit ovalem Grundriss, besteht aus fünf Gebäudekörpern, die innerhalb von drei Jahrhunderten entstanden, weil die aktuelle Pyramide mit ihrem Tempel alle 52 Jahre überbaut wurde. *Tgl. 8–17 Uhr*

PLAYA DEL CARMEN

[169 E–F1] Von Cancún zieht sich die MEX 307 parallel zum Meer nach Süden, die an der Karibikküste liegenden Ferienanlagen, Fischerorte, Buchten *(caletas)* und Strände *(playas)* sind auf kurzen Stichstraßen zu erreichen. Der etwa 140 km lange Abschnitt bis Tulum wird Riviera Maya genannt. Die Region boomt seit einigen Jahren. Malerische Urlaubsanlagen am Strand, einfache *cabañas* ebenso wie luxuriöse Bungalows, Naturparks, Wassersportanlagen und Freizeitparks haben sich etabliert.

Der rasant anwachsende Badeort Playa del Carmen (170 000 Ew.) war bisher ein bevorzugtes Urlaubsziel von Individual- und Rucksackreisenden. Mit der Eröffnung mehrerer Luxushotels, All-inclusive-Resorts und eines Golfplatzes wurde Playa del Carmen inzwischen auch zum Ziel von Pauschalurlaubern. Entlang der schneeweißen Strände ziehen sich Restaurants, Cafés und Hotels. In der

Beach Boys als Bademeister: „Baywatch" an der Karibikküste Yucatáns

landeinwärts parallel dazu verlaufenden Geschäftsstraße, Playas „Fifth Avenue" *(5 a Avenida),* trifft man sich zum späten Frühstück und prüft das Angebot der diversen Läden. In der Nordstadt entstanden eine Reihe kleinerer Hotels, die zum Teil von Europäern betrieben werden.

ESSEN & TRINKEN

Flanier- und Einkehrmeile ist die „Fifth Avenue“ in Playa del Carmen. Darüber hinaus liegen zahlreiche offene Restaurants direkt am Strand.

ÜBERNACHTEN

DESEO ▶▶

Klein und hip: Designhotel mit hauseigenem DJ, der angesagte Sounds zum Relaxen im Patio oder am Pool auflegt und in die Zimmer einspielt. *15 Zi. | 5a Avenida/Calle 12 | Tel. 01984/879 36 20 | www.hoteldeseo.com | €€€*

JUNGLA CARIBE

An der „Fifth Avenue“, unweit des Strands, bietet das Mittelklassehaus einen zauberhaft grünen Innenhof mit Pool. Das Hotel wurde von seinen deutschen Besitzern aufwendig und geschmackvoll eingerichtet. Das (italienische) Restaurant des Hauses ist das beste der Stadt. *24 Zi. | 5a Avenida/Calle 8 | Tel./Fax 01984/873 06 50 | www.jungla-caribe.com | €€*

AUSKUNFT

Benito Juárez/15a Avenida Sur | Tel./Fax 01984/873 02 90 | www.playadelcarmen.com, www.rivieramaya.com

ZIELE IN DER UMGEBUNG

COBÁ ★ [169 E1–2]

Gut 100 km westlich via Tulum liegen in dichtem Urwald zwischen fünf Dolinenseen die wenig erforschten Mayaruinen von Cobá. Erbaut wurde die Zeremonialstätte während der klassischen Mayaperiode von 600 bis 900. Rund 40 000 Menschen sollen hier einst gelebt haben. In der weiträumigen Anlage können fünf Gebäudegruppen besichtigt werden. Zunächst passiert man die zwischen zwei Seen ruhende Gruppe Cobá. Sie wird beherrscht von der 24 m hohen Pyramide *La Iglesia.* Fast doppelt so hoch ist die zur Gruppe Nohoch Mul (2 km nordöstlich) gehörende Pyramide *El Castillo.* 128 Stufen führen zur Spitze. Das Erklimmen lohnt sich nicht nur wegen des Rundblicks, sondern auch wegen des auf der Plattform befindlichen Tempels. Wer an unrestaurierten, von Kletterpflanzen bewachsenen Tempelruinen interessiert ist, besucht die drei weiteren Gruppen *Las Pinturas, Macanxoc* und *Chumuc Mul. Tgl. 7–18 Uhr*

TULUM [169 E2]

In bezaubernder Lage 60 km südwestlich auf einer Kalksteinklippe 12 m über der Karibik thront die archäologische Stätte Tulum. Mexikos einzige Mayaanlage am Meer ist architektonisch weniger bedeutsam, beeindruckt jedoch wegen ihrer schönen Lage. Sie stammt aus der postklassischen Epoche und wurde erst um 1000 oder noch später erbaut, vermutlich als Handelshafen an der Ostküste. Zur Landseite ist die Anlage mit einer mächtigen Mauer umgeben, ein Verteidigungswall, zu dem einst noch ein Wehrgang gehörte. Als religiöses Zentrum der Maya war Tulum noch bei der Ankunft der Spanier bewohnt. Das schönste Gebäude, das von Ansichtskarten jedem Mexikobesucher bekannte *El Castillo,* erklimmt man über eine breite Treppe. Ein herrlicher Rundblick über die Stätte, die Küste und den Strand belohnt die Anstrengung. *Tgl. 8–18 Uhr*

WÜSTE UND WALE, DSCHUNGEL UND KASKADEN

Erkunden Sie die Baja California, besuchen Sie die Kolonialstädte, oder fahren Sie vom Hochland an den Golf von Mexiko

DieTouren sind auf dem hinteren Umschlag und im Reiseatlas grün markiert

1 KOLONIALSTÄDTE IM ZENTRALEN HOCHLAND

Eine Rundreise von Mexiko-Stadt mit den Etappen Tlaxcala, Puebla, Cuernavaca, Taxco und Toluca. Mit Puebla lernen Sie eine reiche Kolonialstadt kennen, zu der Tlaxcala als indianisch geprägte Ortschaft einen reizvollen Kontrast bildet. An die Anfänge der Kolonialzeit erinnern Cortés' Zuckerhacienda Cocoyoc, die heute ein luxuriöses Hotel beherbergt, sowie der Palast des Eroberers in Cuernavaca. Weitere Höhepunkte der spanischen Kolonialzeit zeigen Taxco und Toluca. Übernachtungen lohnen sich in Puebla, Cocoyoc oder Cuernavaca, Taxco und Toluca, sodass die Rundreise (insgesamt etwa 600 km) mit fünf Tagen knapp, aber gut geplant ist.

Sie verlassen Mexiko-Stadt in östlicher Richtung und erreichen über die Autobahn MEX 190 – mit großartiger Sicht auf die Vulkane Popocatépetl und Ixtaccíhuatl – nach 130 km

Bild: Cañón del Sumidero

AUSFLÜGE & TOUREN

Puebla. Unterwegs lässt sich nach ca. 100 km bei San Martín ein Abstecher 25 km nach Norden in das entzückende Provinzstädtchen **Tlaxcala** unternehmen. Von der Autobahn führt die Straße hinauf in die 2400 m hoch gelegene Hauptstadt (84 000 Ew.) des gleichnamigen kleinen Bundesstaats. Schon bald nach ihrer Ankunft in Mexiko errichteten die Spanier hier, im Zentrum ihrer ersten Verbündeten, eine Siedlung, deren Gebäude in der Altstadt perfekt restauriert oder im alten Stil wiederaufgebaut wurden. Am Zócalo steht der **Palacio de Gobierno** (1530) mit reich dekorierter Fassade und kunstvollen Fenstern und Türen; im Inneren zeigen *murales* die Geschichte des Volks der Tlaxcalteken. Über die Plaza Xicoténcatl erreicht man südlich auf einem Hügel das **Convento de San Francisco** (1540), ein ehemaliges Franziskanerkloster, das heute das historische **Regionalmu-**

seum beherbergt. 2 km östlich der Stadt steht auf einem Hügel das **Santuario de Ocotlán,** eine Barockkirche aus dem 17./18. Jh., die wegen ihrer besonderen Schönheit Besucher von weit her anzieht.

Über die Straße 119 gelangen Sie nach 24 km nach **Puebla** *(S. 54)*. Für die Besichtigung der Stadt kann man einen ganzen Tag veranschlagen. Zudem locken zahlreiche stimmungsvolle Hotels und Restaurants.

Auf dem Weg von Puebla gen Süden (MEX 190) lassen sich mit einem Abstecher (20 km) **Cholula** und seine große Pyramide *(S. 57),* die farbenprächtige Kirche **Santa María de Tonantzintla** *(S. 57)* sowie die im Poblanostil (nämlich mit kunstvollen Talaverakacheln und roten Dachziegeln) gestaltete Kirche Insider Tipp *San Francisco de Acatepec* besuchen.

Im Kurort **Cuautla** (145 000 Ew.) in 1300 m Höhe treffen Sie auf zahlreiche einheimische Besucher: Hier genießt man wie einst schon die Kolonialherren die schwefelhaltigen Bäder um den Río Cuautla herum. Die mexikanische Prominenz wie ausländische Touristen steuern die bei Cuautla liegende **Hacienda Cocoyoc** *(315 Zi. | Carretera Cuautla–Cuernavaca km 32,5 | Tel. 01735/356 22 11 | www.cocoyoc.com.mx | €€€)* an; diese soll im 16. Jh. unter Cortés erbaut worden sein. Heute gilt die inmitten eines Parks mit Aquädukt und Wasserfall gelegene Anlage als eines der stilvollsten Hotels des Landes.

In **Cuernavaca** *(S. 47)* laden koloniale Patiohäuser zur Übernachtung ein. Das angenehme Klima (1540 m Höhenlage) verlockt zu Spaziergängen in der hügeligen Stadt und zur am östlichen Stadtrand gelegenen **Pyramide von Teopanzolco.**

Von Cuernavaca führt die MEX 95 überwiegend als Autobahn ins südlich gelegene **Taxco** *(S. 62)*. Hier führen steile Gässchen zu gut bestückten Silbergeschäften und Kunsthandwerksmärkten.

Vor der Rückkehr nach Mexiko-Stadt verspricht **Toluca,** die Hauptstadt (510 000 Ew.) des Bundesstaats México in fast 2700 m Höhe, noch einmal einen Einblick in die Baukunst der Kolonialherren. Das Zentrum des ehemals aztekischen Tollocán enthält vornehmlich Bauwerke aus dem 18. und 19. Jh., die die wohlhabende Stadt aufwendig restaurieren ließ. Gleich mehrere davon beherbergen heute Museen. Das **Museo José María Velasco** *(Di–So 10–18 Uhr | Avenida Lerdo de Tejada Poniente 400)* mit Zeichnungen und Gemälden des großen mexikanischen Künstlers lohnt einen Besuch. Neuere Gebäude wurden mit rosa Sandstein verkleidet und damit in das historische Stadtbild eingepasst. Arkadengänge – besonders kunstvoll an der **Plaza Fray Andrés de Castro** – bieten Schutz vor Sonne und Regen.

Über die Autobahn MEX 15 sind es von Toluca dann noch gut 60 km bis nach Mexiko-Stadt.

2 DIE TRANSPENINSULAR IN BAJA CALIFORNIA

★ Wüstenlandschaften, Gebirge und Strände: von Tijuana nach Cabo San Lucas. Die 1300 km lange Halbinsel wird von einer durchgehenden Teerstraße, der Carretera Transpeninsular (MEX 1), erschlossen; sie erstreckt sich über etwa

AUSFLÜGE & TOUREN

1600 km von Tijuana im Norden an der Grenze zu den Vereinigten Staaten bis zur Südspitze bei Cabo San Lucas und verläuft sowohl an der Ost- als auch an der Westseite von Baja California. Mindestens eine Woche sollten Sie für die Reise einplanen.

Die meisten Besucher sind zwar mit dem Miet- oder Wohnwagen unterwegs, jedoch bedienen auch Komfortbusse die gesamte Strecke. Obwohl man in Baja California einige prähistorische Felszeichnungen, romantische Kolonialstädtchen und historische Jesuitenmissionen findet, sind es in erster Linie die karge Schönheit der Gebirgs- und Wüstenlandschaft sowie die unberührten Strände der Halbinsel mit ihrer vielfältigen Tierwelt, die Besucher zu der anstrengenden Fahrt verlocken.

Die hektische Millionenstadt **Tijuana** *(S. 90)* an der Grenze zu den USA verlassen Sie Richtung Süden und gelangen nach 110 km in die Hafenstadt **Ensenada** (260 000 Ew.) am Nordende der großen, halbkreisförmigen Bahía Todos los Santos. Fischfang und Tourismus prägen das Leben. **Walbeobachtungstouren** werden zwischen November und März angeboten. Während der übrigen Zeit besucht man das **Museo de Ciencias,** das sich auf Grauwale spezialisiert hat.

Zu Füßen der El-Atache-Berge breitet sich die Silberstadt Taxco aus

16 km südlich von Ensenada führt ein Abzweig (19 km) westlich auf die Halbinsel **Punta la Banda,** die die Bucht im Süden abschließt, zu *La Bufadora.* Insider Tipp Hier wird das Meerwasser in eine Unterwasserhöhle gepresst und schießt als Fontäne nach oben.

Die Straße nach Süden verläuft bis El Rosario an der Westseite, wendet sich dann ins Landesinnere und führt durch eine Wüste, in der unzählige Kaktusarten, unter ihnen der viele Meter hohe Saguaro *(órgano)*, die karge Landschaft bestimmen. Nach 570 km ist das an der Westküste gelegene **Guerrero Negro** erreicht. Bei Meeresbiologen bekannt ist der hiesige **Parque Natural de la Ballena Gris,** dessen weitläufige Lagunen beste Möglichkeiten zur Walbeobachtung bieten.

Die MEX 1 durchquert anschließend die Halbinsel und erreicht nach 150 km die an einem klaren Bach gelegene Oase **San Ignacio** (7000 Ew.). Eine ehemalige Franziskanermission lädt zur Übernachtung, die Palmenhaine locken zum Spazierengehen. Nach weiteren 70 km ist das an der Ostküste gelegene **Santa Rosalía** erreicht (Fährverbindung nach Guaymas an Mexikos Westküste). Das 1885 von französischen Bergwerkern gegründete Städtchen (17 000 Ew.) lebte um die Wende zum 20. Jh. vom Kupferabbau. Heute treffen sich hier die Hochseeangler.

Anschließend führt die Straße in einem Bogen hinüber zur Westküste – hier lockt ein Abstecher nach **San Carlos** *(S. 90)* – und erreicht 350 km nach Loreto **La Paz** *(S. 90)*. Von dort sind es noch 180 km bis **San José del Cabo** *(S. 87)* und weitere 33 km bis **Cabo San Lucas** *(S. 86)*.

3 VOM HOCHLAND VON CHIAPAS AN DEN GOLF VON MEXIKO

Naturschauspiele und präkolumbische Stätten: vom Cañón del Sumidero zum Golf von Mexiko. Von Tuxtla Gutiérrez erreichen Sie nach 30 km die Kleinstadt Chiapa de Corzo mit der Möglichkeit zu einem Bootsausflug in den Cañón del Sumidero. Dann windet sich die Panamericana in Serpentinen über 50 km in die Berge hinauf. Krönendes Ziel ist die koloniale Indianerhauptstadt San Cristóbal de las Casas. Von dort führt die MEX 199 durch das Hochland von Chiapas nach Norden hinunter ins subtropische Palenque (220 km). Nach weiteren 140 km liegt nordwestlich Villahermosa. Sie sollten bei dieser Tour in San Cristóbal de las Casas und in Palenque übernachten. In Villahermosa könnten Sie abends weiterfliegen nach Mérida, sodass für die Route mindestens vier Tage zu veranschlagen sind.

Tuxtla Gutiérrez, die Hauptstadt von Chiapas, ist schnell verlassen. Nach einem Rundgang um die Plaza von **Chiapa de Corzo** *(S. 106)* bummelt

In den Wintermonaten haben Sie gute Chancen auf ein Tête-à-Tête mit Grauwalen

man zum Flussufer und besteigt dort eines der Boote für eine mehrstündige Fahrt in den **Cañón del Sumidero** *(S. 106)*. Noch am selben Nachmittag erreichen Sie dann das herrlich gelegene **San Cristóbal de las Casas** *(S. 104)*, wo zahlreiche Kolonialhäuser eine romantische Übernachtung verheißen. Aus einem Tag in dieser prachtvollen Stadt mit ihrem reichen, überall präsenten Kunsthandwerk und dem indianischen Erbe können schnell mehrere werden.

Während der Fahrt von San Cristóbal (2140 m) nach Palenque (200 m) führt in Ocosingo ein Abstecher (14 km) nach **Toniná** zu einem erst kürzlich restaurierten bedeutenden **Zeremonialzentrum der Maya** mit einem kleinen **Museum.** Wie eine Festung liegt die Pyramide mit dem Haupttempel auf einem Hügel. Die meisten Bauwerke sind noch von dichter Vegetation bedeckt. Eine Besonderheit von Toniná („steinernes Haus") sind seine Rundsteine und -skulpturen. 60 km vor Palenque liegen 4 km abseits der Straße die Wasserkaskaden von **Agua Azul** *(S. 103)* mit Gelegenheit zum Picknick. 20 km vor Palenque stürzt der Wasserfall *Misol-há* aus 30 m Höhe in einen von dichtem Grün umrahmten See, in dem es sich auch gut baden lässt.

In **Palenque** *(S. 99)* muss man eine Übernachtung einlegen, um die **archäologische Stätte** besuchen zu können. Die Fahrt von Palenque nach Villahermosa führt durch eine von Lagunen und Flüssen zergliederte, fruchtbare Landschaft; das Klima ist schwül. Der Bundesstaat Tabasco ist durch Ölförderung recht wohlhabend geworden; heute sind Viehzucht sowie Agrarwirtschaft hinzugekommen. Verlassen Sie Palenque frühmorgens, können Sie in **Villahermosa** *(S. 112)* den **Parque La Venta** mit seinen Olmekenskulpturen vormittags besuchen und das **CICOM-Museum** nachmittags. Noch am selben Abend lassen sich Tuxtla Gutiérrez und Mérida erreichen – empfehlenswert für alle, die eine Übernachtung im schwül-heißen und moskitoreichen Villahermosa vermeiden möchten, dessen Sehenswürdigkeiten sich gut an einem Tag besichtigen lassen.

Umgeben von dichtem Dschungel: die Wasserfälle von Misol-há

EIN TAG IN MEXIKO-STADT

Action pur und einmalige Erlebnisse.
Gehen Sie auf Tour mit unserem Szene-Scout

START IN DEN TAG

8:00

Ein typisches Frühstück finden Sie im *Mercado Merced* im Zentrum der größten Stadt der Welt. Probieren Sie frisch gepresste Säfte und dazu *tamales,* in Maisblättern gedämpften Maisgrieß. Die gibt es süß oder salzig. Hier können Sie sich für den Tag stärken und noch buntes Markttreiben erleben. **WO?** *Zwischen General Anaya und Adolfo Gurrión*

9:00

SEGWAY STADTTOUR

Mit den elektrischen Stadtflitzern können Sie nun ohne große Anstrengung die Highlights der Innenstadt erkunden. Der Guide führt Sie zu den interessantesten Sehenswürdigkeiten, und Sie genießen das Gleiten auf dem futuristischen Zweirad und die Aufmerksamkeit der Passanten. **WO?** *Paseo de la Reforma 80, Local B | www.segwaymexico.com.mx*

CRAZY STUFF

12:00

Entweder mit einem Mietwagen oder dem Bus geht es ohne Umwege ins Inviertel Roma. Jetzt ist Shoppen angesagt. Im *Dime* gibts die ausgefallensten Teile der Stadt: handbemalte Converse-Turnschuhe, superpoppig bedruckte Shirts, Taschen mit knalligen Heiligenmotiven oder folkloristisch bedruckte Röcke. Landestypisch bunt und garantiert einzigartig! **WO?** *Avenida Álvaro Obregón 185 | www.dimetienda.com*

15:00

RHYTHMUS-LUNCH

Jetzt aber hinein in die 20-Mio.-Metropole und ab ins *Pata Negra,* eines der angesagtesten Lokale im Inviertel Condesa. Wer Glück hat, bekommt schon zum Mittagessen Livemusik serviert. Man wird gar nicht anders können, als im Rhythmus die Tortillachips in die Guacamole zu tauchen. Lecker! **WO?** *Tamaulipas 30*

24h

ANDERE WELTEN

17:00

Rauch entweicht aus kleinen Dosen, Menschenschlangen stehen vor einem weiß gekleideten Herrn, Heiligenbildchen, so weit das Auge reicht ... Der *Mercado Sonora* östlich vom Zócalo ist eine andere Welt, die alle Sinne in Anspruch nimmt. Augen auf, Ohren auf, Nase auf und die Hände bereithalten zum Anfassen. Einfach an den über 400 verschiedenen Ständen vorbeischlendern und alle Eindrücke aufsaugen. **WO?** *Avenida Fray Servando Teresa de Mier 419 | http://mercadosonora.galeon.com*

19:00

OASE ÜBER DER STADT

Nach so vielen Eindrücken braucht der Kopf mal eine Pause. Deswegen nichts wie rein in die *Casa de las Sirenas*. Von der Dachterrasse des Restaurants ist der Blick auf die Catedral Metropolitana phänomenal! Der ideale Ort, um sich zu stärken und eine Chill-out-Pause in der Abenddämmerung einzulegen. Entspannen und die Aussicht genießen! **WO?** *República de Guatemala 32 | www.lacasadelassirenas.com.mx*

FEEL THE SPIRIT

21:30

Gut ausgeruht geht es weiter zur Plaza Garibaldi. Musik und Stimmengewirr dringen an die Ohren. Kein Wunder, denn Hunderte von Mariachi-Musikern bringen zwischen Bars, Garküchen, Tanzschuppen und einer sechsspurigen Verkehrsachse Ständchen aller Art dar. Hier ein paar Häppchen probieren, da eine Margarita genießen, dort der Musik lauschen. Einfach das tun, was die Mexikaner auch tun: sich treiben lassen! **WO?** *Plaza Garibaldi*

23:00

NIGHTLIFE

Im Retroschick des design- und detailverliebten *Hotel Condesa D. F.* wird im Keller-Nachtclub gefeiert bis zum Morgen. Diesen begrüßt man übrigens am würdevollsten auf der Dachterrasse des Hotels. In Decken gekuschelt, lauscht man dem Gezwitscher der Vögel des nahen *Parque España*. **WO?** *Avenida Veracruz 102 | www.condesadf.com*

> AKTIV ZWISCHEN HIMMEL UND ERDE

Die Palette reicht von der abenteuerlichen Vulkanbesteigung bis zum Schwimmen in einem unterirdischen Fluss

> Die unterschiedlichen Naturlandschaften Mexikos reichen von der Wüste bis zum Dschungel, sodass für jeden Geschmack etwas dabei ist, von der Wanderung zu Felsmalereien in der Wüste von Baja California bis zur Kajaktour auf dem Wildwasser im dichten Grün des südmexikanischen Regenwalds.

Die rund 10 000 km Küste garantieren ein schier unerschöpfliches Angebot an Wassersport. Ein Zusammenschluss von Reiseveranstaltern mit Aktiv-, Erlebnis- und Natururlaub ist *México Sagaz (Gratistel. 01800/ 654 44 52 | www.mexicosagaz.org).*

BERGSTEIGEN & WANDERN

Zunehmender Beliebtheit erfreut sich das Wandern an den Hängen von Vulkanen. Nachdem Mexikos bekanntester Vulkan Popocatépetl seit einigen Jahren wegen gelegentlicher Ausbrüche für Wanderungen gesperrt

SPORT & AKTIVITÄTEN

ist, steht der höchste Berg des Landes, der Pico de Orizaba, in der besonderen Gunst der Bergliebhaber. In seiner Umgebung und in der Stadt Puebla sind daher mehrere Veranstalter auf Organisation und Begleitung spezialisiert, die ihre Angebote in den Hotels und Reisebüros der Stadt anbieten.

Auch mehrtägige Wanderungen in der Kupferschlucht mit und ohne Führer sind außerordentlich attraktiv und beliebt. Fast alle Hotels entlang der Bahnstrecke organisieren oder vermitteln geführte Wanderungen, bei denen man Tarahumaradörfer, Wasserfälle und Seen passiert. Viele Wanderer wählen als Ausgangspunkt Creel, denn dort ist das Angebot an Reisebüros und Hotels mit Wanderprogramm besonders groß.

GOLF

Abschlagen auf Golfplätzen, die umgeben sind von dichtem Regenwald und bevölkert von *iguanas* (Leguanen), putten zwischen Mayatempeln und Aztekenpyramiden – in Mexiko ist Golf fast immer auch ein landschaftliches und kulturelles Highlight. Neben dem Golfmekka Los Cabos an der Südspitze von Baja California gibt es noch mehr als 200 weitere Topanlagen im ganzen Land. Viele davon finden sich in der Umgebung von Mexiko-Stadt, darunter solche, die von legendären Golfplatzarchitekten wie Robert Trent Jones, Jack Nicklaus oder dem mexikanischen Jaime Padilla entworfen wurden. *www.ccq.com.mx*

REITEN

Mexiko besitzt eine lange „Pferdekultur", und Reiten ist ein beliebter Sport. Überall im Land und besonders in der Nähe von Touristenhochburgen haben sich daher Reitställe etabliert, die Besuchern vom stundenweise geführten Ausritt bis zum tagelangen Ausflug ein breites Programm bieten. Ausritte am Strand, der überall öffentlich ist, sind genauso möglich wie längere Touren an Flussufern, durch Täler oder Ritte in die Berge. An einigen Orten der Westküste wie Mazatlán und Puerto Vallarta hat man dies alles zugleich.

TAUCHEN & SCHNORCHELN

Getaucht und geschnorchelt wird rund um Mexiko, doch Kenner der Unterwasserwelt zieht es an die Ostküste der Halbinsel Yucatán, denn dort liegt im Karibischen Meer der nördliche Ausläufer des zweitlängsten Unterwasserriffs der Welt. Besonders geeignet sind die dem Festland zugewandten Seiten von Cozumel und der Isla Mujeres, doch auch die *cenotes,* Lagunen und unterirdischen Flüsse der Riviera Maya sind beliebte Tauchplätze.

Tauchen und Schnorcheln auf der Isla Mujeres heißt weniger Trubel und weniger Kosten als z. B. auf Cozumel oder in den Tauchresorts der Riviera Maya. Hier kommen Unterwassersportler auf ihre Kosten: vom Ausrüstungsverleih über Riff- und Wracktauchen und Ökotauchen bis zur Unterwasserfotografie, unterschiedliche Programme und Pakete für Anfänger (auch Unterricht und Zertifikate) und Profis, dazu diverse Angebote für Schnorchler.

Traumziele für Taucher und Schnorchler sind die Inseln Cozumel und Isla Mujeres

WASSERSPORT

Jedes mexikanische Strandhotel ist auf die Wünsche seiner Gäste nach Wassersport eingestellt. So gibt es von der Schwimmflosse bis zum Segelboot fast alles zu leihen.

An der Riviera Maya sind mehrere sogenannte ökologische Freizeitparks entstanden, die zum großen Teil auch Wassersport anbieten, darunter Tauchen, Schnorcheln, Kajakfahren sowie Schwimmen auf einem unterirdischen Fluss. Die Buchten, Lagunen, Quellen, Naturbrunnen und Flüsse der Parks bilden ein natürliches Aquarium, in dem es sich vorzüglich tauchen und schnorcheln lässt. Fußwege und Brücke führen in den von viel Wasser unterbrochenen Wald: *Xel-Há (tgl. 8.30–18 Uhr | 111 km südlich von Cancún zwischen Akumal und Tulum | Eintritt 75 US-$ | www.xel-ha.com.); Xcaret (tgl. 8.30–21 Uhr | 5 km südlich von Playa del Carmen | Eintritt 69 US-$ | www.xcaret.net).* Neben diesen Eintrittspreisen *(„basic")* bieten die Parks auch teurere All-inclusive-Pakete sowie weitere kostenpflichtige Attraktionen und Sportarten.

WILDWASSERFAHREN

Das Hochland Mexikos besitzt zahlreiche Flüsse, auf denen sich Riverraftingtouren in Wildwasser unternehmen lassen. Ein empfehlenswerter Anbieter: *Adventures Selvazul | Tel./Fax 01222/240 64 55 | www.selvazul.com*

WINDSURFEN

Die lange Pazifikküste Mexikos – sowohl an der Halbinsel Baja California als auch am Festland – ist bei Windsurfern aus den USA ein beliebtes Surfrevier. Auch Cancún und die Riviera Maya ziehen wegen der vielen Flugverbindungen zu den USA zunehmend Surfer an. Die Sportler konzentrieren sich wegen der günstigen Winde und der vorhandenen Infrastruktur an einigen Orten der Westküste, darunter Pie de la Cuesta bei Acapulco, San Blas, Puerto Escondido, sowie auf der Halbinsel Baja California; dort sind San Carlos, Cabo San Lucas, die Bahía de Los Ángeles und Los Barriles südlich von La Paz sehr beliebt.

Nicht nur im Hochland, auch an der Küste kommen Golfer auf ihre Kosten

> KINDER SIND IN MEXIKO IMMER DABEI

Niños und *niñas* sind in Mexiko überall präsent und willkommen, ob im Autobus oder im Hotel

> Mexikaner sind kinderlieb und haben viele Kinder, das Leben findet überall mit ihnen statt. Es gibt also kaum Einschränkungen, selbst wenn Sie kleinere Kinder mit auf die Reise nehmen.

Alles, was Ihr Nachwuchs unterwegs benötigt, ist in Mexiko erhältlich. Bei Busfahrten sollten Sie erster Klasse reisen. Achten Sie darauf, dass Ihre Kinder sehr viel (Wasser) trinken, einen Sonnenhut tragen und nicht ohne Sonnenschutz ins Freie gehen. Große Strandhotels und Ferienresorts bieten einen Kid's Club mit Programm für kleine Gäste. Ein Wermutstropfen: Das Wasser in kleineren Hotelpools entspricht oft nicht europäischem Standard, Ohrenentzündungen sind mitunter die Folge.

ZENTRALES HOCHLAND

PAPALOTE – MUSEO DEL NIÑO [O]

Viel Spaß und doch lehrreich: Das Kindermuseum in Mexiko-Stadt rich-

MIT KINDERN UNTERWEGS

tet sich an junge Besucher, denen es eine einzigartige Einführung in die Naturwissenschaften bietet. Kleine Forscher dürfen nach Herzenslust technische Experimente durchführen, Fragen stellen und alles anfassen – und auch Erwachsene haben ihren Spaß. *Mo–Fr 9–18 Do (bis 23), Sa/So 10–19 Uhr | Avenida Constituyentes 268 (am Chapultepecpark) | Eintritt 99 Pesos, Kinder 95 Pesos | www.papalote.mx*

SANTUARIO DE LA MARIPOSA MONARCA EL ROSARIO [165 F4]
Schmetterlinge üben auf Kinder eine große Faszination aus. Wer zwischen November und März in der Nähe von Toluca unterwegs ist, bucht eine Tour zu einem Schauspiel, das einzigartig ist: Im Naturreservat überwintern Millionen von Monarchschmetterlingen – so viele Falter wird man in seinem ganzen Leben nicht mehr sehen. *90 km nordwestlich von Toluca*

DIE WESTKÜSTE

CICI PARQUE ACUÁTICO [165 F6]

Ein Wasser- und Vergnügungspark in Acapulco, wie ihn Kinder mögen: laut, lebhaft, bunt. Wasserrutschen, künstliche Wellen und Delphine sorgen für Unterhaltung. Und zwischendurch erholt man sich bei Eis und Tacos. *Tgl. 10–18 Uhr | Costera M. Alemán/Cristóbal Colón | Costa Azul | Eintritt ab 120 Pesos | www.cici.com.mx*

DER NORDEN

CABO CANOPY TOURS [160 B6]

Wie Tarzan an einer Liane schwingen, sicher angeseilt über eine Schlucht schweben: nur ein Element des Vergnügens, das sportliche Schulkinder und Jugendliche erwartet, die mit ihren Eltern eine fünfstündige Canopy-Adventure-Tour (ab Hotel) in den Boca-de-Sierra-Nationalpark bei Cabo San Lucas buchen. Bereits die Anreise durch die wilde Landschaft ist ein Teil des Erlebnisses. *Tgl. 8, 10.30 und 13 Uhr | Erwachsene und Kinder (ab 7 Jahre) 88 US-$ | www.cabozipline.com*

DER SÜDEN

HÍPICO LA GOLONDRINA [167 D5]

Die meisten Reitställe Mexikos wenden sich an Erwachsene. La Golondrina ca. 10 km nördlich der Stadt Oaxaca ist ein Stall mit speziellen Kinderprogrammen von Dressur- und Springreiten bis zu Ausritten durch Flusstäler und Bergwälder mit für Kinder geeigneten Ponys und kleineren Pferden. *Bordo del Río Atoyac 800 | San Jacinto Amilpas | Tel./Fax 01951/512 75 70 | www.hipico.zmz.biz*

YUCATÁN

KINDERKARNEVAL [169 F2]

Wer im Februar/März auf Cozumel ist, erlebt den Karneval der Insel: Masken- und Kostümwettbewerbe sowie Umzüge für Kinder.

LUZ Y SONIDO [168 C2]

Campeche, die alte koloniale Hafenstadt auf der Halbinsel Yucatán, war früher Seeräuberziel. Beim abendlichen kulturellen Spektakel wird daran erinnert: Schauspieler übernehmen die Rolle der Bösewichte, tummeln sich auf den jahrhundertealten Bastionen, und die Zuschauer dürfen ebenfalls auf der Wehrmauer spazieren. Das Ganze ist in dramatisches Licht getaucht. *Di/Fr/Sa 20.30 Uhr | Puerta de Tierra (Calle 18/Calle 59) | Eintritt 50 Pesos*

ÖKOPARK XCARET [169 E2]

Ein Besuch im Schmetterlingsgarten oder eine Floßfahrt über den Tropenfluss, Schnorcheln inmitten tropischer Fischschwärme, riesige Wassserschildkröten bestaunen, Delphinen bei Kunststücken in der Lagune zuschauen, Seepferdchen im Aquarium besuchen, mit Schwimmweste und Flossen durch einen unterirdischen Fluss paddeln, bei einer *charreada,* den mexikanischen Reiterspielen, dabei sein. Und abends bei Fackelschein im Freilichttheater das präkolumbische Ballspiel *pelota* bestaunen. Xcaret, der älteste (und teuerste) der Ökoparks bei Playa del Carmen ist auch derjenige mit dem reichhaltigsten Angebot. Ein weiterer Ökopark mit Angeboten für Kinder liegt an der Riviera Maya in der Nähe von Xcaret: *Xel-há (www.xel-ha.com),* 47 km südlich von Playa del Carmen, mit vielen Lagunen zum Schnorcheln und ähnlichen Preisen und Wassersportangeboten für Familien mit Kindern. *Xcaret tgl. 8.30–21 Uhr | 9 km südlich von Playa del Carmen | Eintritt ab 69 US-$, Kinder 34 US-$ | www.xcaret.com*

RAIN FOREST CAFÉ [169 F1]
Aras krächzen, die Laute des Dschungels füllen den Raum, plötzlich ein Donnergrollen, Rauchschwaden steigen auf: Alle 20 Minuten bricht der Vulkan aus im Ableger des berühmten Regenwaldcafés, US-amerikanisch stilecht in einem Shoppingcenter in Cancún gelegen. *Centro Comercial Forum by the Sea (Paseo Kukulcán km 9,5) | Eintritt frei*

TORTUGRANJA [169 F1]
An der Westküste der Isla Mujeres liegt eine Schildkrötenstation, in der junge Schildkröten in unterschiedlichen Becken aufgepäppelt und später wieder ins Meer entlassen werden; mit einer Klinik für verletzte Tiere. *Tgl. 9–17 Uhr | Carretera a Garrafón km 5 | Eintritt 3 US-$*

Das große Angebot für Kinder lässt auch kleine Mexikanerinnen strahlen

WET 'N' WILD [169 F1]
Der Wasserpark am südlichen Ende der Hotellandzunge von Cancún bietet die üblichen Rutschen und Wasserspiele, aber alles etwas größer und wilder als gewohnt. *Tgl. 10–17 Uhr | Parque Nizuc (Paseo Kukulcán km 25) | All-inclusive-Eintritt 49 US-$, Kinder 43 US-$ | www.wetnwildcancun.com*

> VON ANREISE BIS ZOLL

Urlaub von Anfang bis Ende: die wichtigsten Adressen und Informationen für Ihre Mexikoreise

ANREISE

BUS

Von allen US-mexikanischen Grenzstädten verkehren preiswerte Busse in den Süden des Lands. Von Laredo dauert die Fahrt nach Mexiko-Stadt 14 Stunden.

FLUGZEUG

Zahlreiche Fluggesellschaften verkehren von Europa nach Mexiko, täglich gibt es die Auswahl unter mehreren Flügen. Lufthansa fliegt täglich von Frankfurt nach Mexiko-Stadt, Air France und Aeroméxico täglich über Paris nach Mexiko-Stadt. Air Berlin und Condor fliegen mehrmals wöchentlich von Deutschland nach Cancún, Belair und Air Berlin von Zürich. Lauda Air verkehrt von Wien nach Cancún. Für ein Retourticket zahlt man bei Linienflügen je nach Saison ab 600 Euro. Der Flug dauert zehn bis 14 Stunden, je nach Art des Stopps.

Am Flughafen von Mexiko-Stadt *(Terminal 1, Halle F oben, bei Puerta 7)* gibt es mehrmals täglich Busse nach Cuernavaca, Córdoba, Puebla, Querétaro, Toluca.

AUSKUNFT

MEXIKANISCHES FREMDENVERKEHRSBÜRO

Taunusanlage 21 | 60325 Frankfurt | Gratistel. 00800 11112266 | www.mexiko-reisetipps.de

PRAKTISCHE HINWEISE

SECRETARÍA DE TURISMO

Avenida Presidente Masaryk 172 | Colonia Chapultepec Morales | 11587 México D. F. | Tel. (aus Europa) 0052/55 50 89 75 00 oder (gratis, nur in Mexiko) 078 | correspondencia@sectur.gob.mx | www.sectur.gob.mx, www.visitmexico.com

Gebührenfreies Nottelefon und Infoservice in Englisch und Spanisch, rund um die Uhr im gesamten Land: *Tel. 01/80 09 03 92 00*

WÄHRUNGSRECHNER

€	MXN	MXN	€
1	17,60	10	0,57
2	35,20	20	1,14
3	52,80	25	1,43
4	70,40	30	1,71
5	88,00	40	2,28
6	105,60	50	2,85
7	123,20	70	3,99
8	140,80	80	4,56
9	158,40	90	5,13

CAMPING

Campingplätze sind meist Plätze für Wohnmobile nach US-Vorbild *(trailer parks)*. Richtige Zeltplätze findet man nur selten. Freies Camping aus Sicherheitsgründen unbedingt vermeiden!

DIPLOMATISCHE VERTRETUNGEN

DEUTSCHE BOTSCHAFT MEXIKO-STADT

Avenida Horacio 1506 | Colonia Los Morales | Tel. 0155/52 83 22 00 | www.mexiko.diplo.de

ÖSTERREICHISCHE BOTSCHAFT MEXIKO-STADT

Sierra Tarahumara Poniente 420 | Colonia Lomas de Chapultepec | Tel. 0155/52 51 08 06 | www.embajadadeaustria.com.mx

WAS KOSTET WIE VIEL?

KAFFEE	**1 EURO** für einen *café de olla*
SNACK	**1,20–1,80 EURO** für einen Taco am Stand
BIER	**1–1,50 EURO** für eine Dose Bier
SOUVENIR	**AB 20 EURO** für eine Hängematte
BENZIN	**0,55 EURO** für einen Liter
BUSFAHRT	**UM 6 EURO** für 100 km in der ersten Klasse

SCHWEIZER BOTSCHAFT MEXIKO-STADT

Torre Óptima, 11. Stock | Paseo de las Palmas 405 | Colonia Lomas de Chapultepec | Tel. 0155/91 78 43 70 | www.eda.admin.ch/mexico

EIN- & AUSREISE

Für die Einreise nach Mexiko benötigen Sie einen Reisepass und eine Touristenkarte, die Sie von einem mexikanischen Konsulat oder der Fluggesellschaft bekommt. Eine Kopie verbleibt im Pass, sie muss bei der Ausreise wieder vorgelegt werden.

In der Ankunftshalle im Flughafen von Mexiko-Stadt wird man von einer Reihe „schwarzer" Taxifahrer angesprochen. Deren Angebote sollten Sie aus Sicherheitsgründen ablehnen, auch wenn sie preislich attraktiv klingen mögen. Am Ausgang befindet sich ein Schalter, wo Sie ein Taxiticket (feste Preise für unterschiedliche Zonen) erhalten.

EINTRITTSPREISE

In bedeutenden Museen und archäologischen Stätten müssen Sie mit rund 3–9 US-$ Eintrittsgebühr rechnen. In kleineren Stätten und privaten Museen liegt der Eintritt meist bei 1,50 bis 3 US-$. Wo der Eintritt deutlich über diesen Richtwerten liegt, haben wir ihn in diesem Reiseführer jeweils extra genannt.

FOTOGRAFIEREN

Filme sollten Sie ausreichend mitnehmen, da sie in Mexiko teurer sind. Bei Speicherkarten ist es genau umgekehrt: Hier lohnt der Kauf in Mexiko. In Museen darf man nur gegen Gebühr fotografieren. *Indígenas* lassen sich nicht gern ablichten, ihr Einverständnis muss vorher unbedingt eingeholt werden. In einigen Regionen (z. B. in Chiapas) ist generell beim Fotografieren Vorsicht geboten.

GELD & KREDITKARTEN

Die Abkürzung für den Peso ($) ist dieselbe wie für den US-Dollar; prüfen Sie daher bei Preisschildern, welche Währung gemeint ist. Kleinere Dollarscheine sind oft nützlich. Größere Hotels und Autovermietungen akzeptieren die gängigen Kreditkarten, ebenso die teureren Geschäfte und Restaurants in den Städten. Die Zahl der Geldautomaten, an denen man mit der Kreditkarte und der ec-Karte mit Maestrosignet (günstigster Kurs) Bargeld erhält, nimmt immer weiter zu.

GESUNDHEIT

Impfvorschriften für die Einreise nach Mexiko gibt es keine. Eine Malariaprophylaxe ist bei Reisen in Gebieten unter 600 m ratsam, Vorsorge gegen Typhus und Hepatitis wird empfohlen. Eine Reisekrankenversicherung ist unbedingt ratsam. Sonnencreme und Insektenschutzmittel gehören auf jeden Fall ins Reisegepäck.

Die mexikanische Apotheke heißt *farmacia* und verkauft die gängigen europäischen Medikamente meist wesentlich preiswerter als zu Hause, Aspirin z. B. kostet nur ein paar Cent. Besser ist es, Sie kennen den Wirkstoff des gewünschten Medikaments, falls dies einen anderen, mexikanischen Namen hat. Gesundheitstipps für Fernreisende finden Sie im Internet bei *www.die-reisemedizin.de*, Impfhinweise unter *www.crm.de*.

INTERNET

www.visitmexico.com stammt vom mexikanischen Fremdenverkehrsbüro. *www.hoteles.com.mx* bietet auch Onlinebuchung von Hotels. *www.mesoweb.com* ist die schönste Website zur Archäologie präkolumbischer Kulturen, *www.mexonline.com* und *www.mexicoweb.com* sind kommerzielle Portale für das US-Publikum mit viel Werbung. *www.mexiko-travelnews.de* ist ein anspruchsvolles deutschsprachiges Portal ohne Werbung mit Reisetipps und Hintergrundinformationen. Privat, aber gut gemacht ist die deutsche Website *www.mexico-info.de*. Erlebnis- und Ökotouren findet man bei *www.ecoadventuremexico.com*, Landkarten und Stadtpläne bei *www.maps-of-mexico.com*. Kurzfilme zu den schönsten Regionen des Landes zeigt *www.rinconesdemitierra.com*.

INTERNETCAFÉS & WLAN

Das Internet ist in Mexiko sehr beliebt, jedoch in Privathaushalten noch kaum verbreitet. In den Städten entstehen daher täglich neue Internetcafés. Eine Stunde schlägt mit 1 bis 5 Euro zu Buche – eine preiswerte Alternative zu den teuren Telefonaten ins Ausland. Ein Verzeichnis von Internetcafés finden Sie bei *www.cybercafes.com*, von WLAN-Plätzen bei *www.hotspot-locations.com*.

KLIMA & REISEZEIT

Regenzeit herrscht in Mexiko von Mai bis Oktober, von November bis April ist Trockenzeit. Im zentralen Hochland beschränkt sich der Regen auf Nachmittagsschauer, in den südlichen Landesteilen in Chiapas und an der Karibik regnet es mehr. Als beste Reisezeit bieten sich daher die europäischen Wintermonate an, wobei Sie jedoch die Weihnachts- und die Osterzeit sowie die Wochen der US-*spring break* meiden sollten, da zu diesen Terminen sehr viele US-Touristen im Land unterwegs sind. Viele Hotels und Flüge sind dann ausgebucht, Restaurants und Busse überfüllt und die Preise verdoppelt.

MIETWAGEN

Neben den großen internationalen Autovermietungen findet man viele preiswerte lokale Firmen, bei denen jedoch eine genaue Prüfung des Fahrzeugs vor der Übergabe unerlässlich ist. Der nationale Führerschein reicht zwar aus, bei Konfrontationen mit

WETTER IN MEXIKO-STADT

	Jan.	Feb.	März	April	Mai	Juni	Juli	Aug.	Sept.	Okt.	Nov.	Dez.
Tagestemperaturen in °C	19	21	24	25	26	24	23	23	23	21	20	19
Nachttemperaturen in °C	6	6	8	11	12	13	12	12	12	10	8	6
Sonnenschein Std./Tag	7	8	7	7	7	6	6	7	6	6	6	6
Niederschlag Tage/Monat	2	1	2	6	9	14	19	18	17	8	3	2

mexikanischen Polizisten ist der internationale jedoch von Vorteil. Einen VW-Käfer bekommen Sie ab ca. 45 Euro pro Tag zuzüglich Versicherung und Steuern. Oft ist es günstiger und sicherer, bereits zu Hause zu reservieren. Wenn Sie mit dem Mietwagen unterwegs sind, sollten Sie sich peinlich genau an die Verkehrsvorschriften halten. Den Pannendienst *Ángeles Verdes* („Grüne Engel") erreichen Sie über *Tel. 0155/ 52 50 82 21 und 01 80 09 03 92 00.*

NOTRUF

Feuerwehr und Rettungsdienst: *Tel. 060,* Polizei: *Tel. 080*

ÖFFENTLICHE VERKEHRSMITTEL

Die mexikanische Eisenbahn ist nach der Privatisierung weitgehend stillgelegt. Es verkehren nur noch einige (Touristen-)Züge. Der *autobús,* in Mexiko auch *camión* genannt, erreicht praktisch jeden Ort mehrere Male pro Tag. Viele private Busgesellschaften bieten ihre preiswerten Dienste in drei Klassen an. Der Fahrscheinkauf am Vortag ist empfehlenswert. Informationen: *www.ticketbus.com.mx*

Zwischen La Paz (Fährhafen Pichilingüe) in Baja California und Los Mochis (Fährhafen Topolobampo) verkehrt Baja Ferries *(www.bajaferries.com)* siebenmal wöchentlich (Dauer der Überfahrt: fünf Stunden); weitere Fähren gehen von La Paz nach Mazatlán und von Cabo San Lucas nach Puerto Vallarta. In der Karibik verkehren Fähren zu den Inseln Cozumel und Isla Mujeres *(www.crucerosmaritimos.com.mx).*

Die etwa 50 Flughäfen werden von privaten Fluggesellschaften bedient. Wer lange Busfahrten meiden will, hat die Wahl unter folgenden Low-Cost-Airlines: Volaris *(www.volaris.com.mx),* Viva Aerobus *(www.vivaaerobus.com)* und Interjet *(www.interjet.com.mx).* Mit dem Mexi-Pass von Mexicana *(www.mexicana.com)* kann man stark verbilligte Flüge absolvieren. Auskunft: *Mexicana | Tel. (D) 06105/20 60 80; (A) 01/585 36 32 60; (CH) 044/286 99 77*

ÖFFNUNGSZEITEN

Geschäfte machen mittags eine Pause (ca. 13–16 Uhr) und haben abends lange auf; gesetzlich geregelte Zeiten gibt es nicht.

POLIZEI

Kontakt mit der einheimischen Polizei sollten Sie möglichst vermeiden, da die Polizisten häufig auf ein „Trinkgeld" aus sind. Bei Problemen wendet man sich besser an Beamte der Touristenpolizei (blaue Uniform) oder der Autobahnpolizei („Caminos y Puentes").

POST

Die Post heißt *correo;* eine Luftpostkarte *(por avión)* kostet 14 Pesos Porto.

SICHERHEIT

In Mexiko-Stadt muss man gut auf sich und seine Habseligkeiten aufpassen: Das bedeutet: nicht mit einem „freien" Taxi fahren, Wertsachen im Hotel(safe) lassen, wenig Geld und eine Passkopie mitnehmen, besonders aufmerksam im Gedränge (U-Bahn, Bus, Markt, Busbahnhof) sein, Geld und Papiere in einer vorderen Hosentasche tragen. Nach 18 Uhr nur in ein gerufenes Funk- oder Hoteltaxi steigen.

Im übrigen Land reist man im Wesentlichen so sicher wie in Europa, vorausgesetzt man meidet leere Strände, fährt nicht per Anhalter und wandert in Guerrero und Chiapas nicht in unbewohnten Regionen.

STROM

Netzspannung 110 Volt (manchmal 125), US-Flachstecker.

TAXI

Wenn ein Taxameter eingeschaltet ist, ist das Taxifahren sehr preiswert (1 km ca. 0,40–0,50 Euro). Anderenfalls den Preis unbedingt vorher vereinbaren (Richtpreise im Hotel erfragen)! In Mexiko-Stadt sollten Sie die preiswerten ambulanten Taxis (oft VW-Käfer) nicht in der Dunkelheit benutzen.

TELEFON & HANDY

Überall im Land gibt es Telefonzellen, in denen man mit Telefonkarten telefonieren kann. Eine Minute nach Europa kostet 20 Pesos, ein Ortsgespräch 1 Peso. Europäische Handys funktionieren in Mexiko. Eine mexikanische Prepaidkarte der Gesellschaft Telcel kostet in Mexiko zwischen 15 und 40 US-$ – mit Gesprächsguthaben bis zur Hälfte des Kaufpreises. In Europa werden sie für 40–50 Euro angeboten, jedoch nur mit knapp 10 Euro Guthaben. Dazu benötigt man ein freigeschaltetes, GSM-1900-kompatibles Gerät. Nachladekarten zu 100 und 200 Pesos gibt es in vielen Geschäften. Gespräche kosten 20–30 Cent pro Minute in Mexiko und um 1,30 Euro nach Europa (SMS 16 Cent), eingehende Auslandsgespräche 20–30 Cent.

Vorwahl Deutschland *0049,* Österreich *0043,* Schweiz *0041,* Mexiko *0052,* dann die Ortsvorwahl ohne die 01 vorweg.

TRINKGELD

Im Restaurant sind zehn bis 15 Prozent üblich, falls eine *propina* in der Rechnung nicht schon ausgewiesen ist. Taxifahrer erwarten in Mexiko kein Trinkgeld. Mit 5–10 Pesos sind kleine Gefälligkeiten normalerweise ausreichend abgegolten.

UNTERKUNFT

Jugendherbergen finden Sie unter *www.hostellingmexico.com;* eine Übernachtung kostet 5–10 Euro. Auch Bed & Breakfast *(www.bedandbreakfast.com/mexico.htlm)* hat sich in Mexiko durchgesetzt. Feine kleinere, typisch mexikanische Boutiquehotels haben sich unter *www.hotelesboutique.com* zusammengeschlossen. Haciendahotels findet man bei *www.thehaciendas.com* und *www.haciendasmexico.com.* Hotels aller Preisklassen listet *www.hoteles.com.mx* auf.

ZEIT

MEZ minus sieben Stunden, im Westen minus acht bzw. neun Stunden. Sommerzeit vom ersten Aprilsonntag bis zum letzten Oktobersonntag.

ZOLL

Bei der Einreise sind Waren bis zum Wert von 300 US-$ zollfrei, bei Rückkehr in die EU u. a. 1 l Spirituosen, andere Waren bis 430 Euro Warenwert. *www.aduanas.sat.gob.mx, www.zoll.de*

> ¿HABLAS ESPAÑOL?

„Sprichst du Spanisch?" Dieser Sprachführer hilft Ihnen, die wichtigsten Wörter und Sätze auf Spanisch zu sagen

Aussprache	
c	vor „e, i" stimmloser Lispellaut, stärker als engl. „th". Bsp.: gracias
ch	stimmloses deutsches „tsch" wie in „tschüss"
g	vor „e, i" wie deutsches „ch" in „Bach"
gue, gui/que, qui	das „u" ist immer stumm, wie deutsches „g"/„k"
j	immer wie deutsches „ch" in „Bach"
ll, y	wie deutsches „j" zwischen Vokalen. Bsp.: Mallorca
ñ	wie „gn" in „Champagner"

AUF EINEN BLICK

Ja./Nein.	Sí./No.
Vielleicht.	Quizás./Tal vez.
In Ordnung!/Einverstanden!	¡De acuerdo!/¡Está bien!
Bitte./Danke.	Por favor./Gracias.
Vielen Dank.	Muchas gracias.
Gern geschehen.	De nada.
Entschuldigung!	¡Perdón!
Wie bitte?	¿Cómo (dice/dices)?
Ich verstehe Sie/dich nicht.	No le/la/te entiendo.
Ich spreche nur wenig Spanisch.	Hablo sólo un poco de español.
Können Sie mir bitte helfen?	¿Puede usted ayudarme, por favor?
Ich möchte/würde gerne …	Quiero …/Quisiera …
Das gefällt mir (nicht).	(No) me gusta.
Haben Sie …?	¿Tiene usted …?
Wie viel kostet es?	¿Cuánto cuesta?
Wie viel Uhr ist es?	¿Qué hora es?

KENNENLERNEN

Guten Morgen/Tag!	¡Buenos días!
Guten Tag!	¡Buenas tardes! *(nachmittags)*
Guten Abend!	¡Buenas tardes!
Gute Nacht!	¡Buenas noches!
Hallo! Wie geht's?	¡Hola! ¿Qué tal?
Ich heiße …	Me llamo …
Ich komme aus …	Soy de …
Wie ist Ihr Name, bitte?	¿Cómo se llama usted, por favor?
Wie geht es Ihnen/dir?	¿Cómo está usted?/¿Qué tal?

SPRACHFÜHRER SPANISCH

Danke. Und Ihnen/dir?	Bien, gracias. ¿Y usted/tú?
Auf Wiedersehen!	¡Adiós!
Tschüss!	¡Adiós!
Bis bald!/Bis später!	¡Hasta pronto!/¡Hasta luego!
Bis morgen!	¡Hasta mañana!

UNTERWEGS

AUSKUNFT

links/rechts	a la izquierda/a la derecha
geradeaus	derecho
nah/weit	cerca/lejos
Wie weit ist das?	¿A qué distancia está?
Ich möchte … mieten.	Quiero alquilar …
… ein Auto …	… un carro.
… ein Boot …	… una barca/un bote/un barco.
Bitte, wo ist …	Perdón, ¿dónde está …
… der Bahnhof?	… la estación (de trenes)?
… der Busbahnhof?	… la estación de autobuses/el terminal?
… der Hafen?	… el puerto?
… der Flughafen?	… el aeropuerto?
Zum … Hotel.	Al hotel …

TANKSTELLE

Wo ist bitte die nächste Tankstelle?	¿Dónde está la estación de gasolina/ la gasolinera más cercana, por favor?
Ich möchte … Liter …	Quiero … litros de …
… Normalbenzin.	… gasolina normal. …
Super./… Diesel.	… súper./… diesel.
… Bleifrei/… Verbleit.	… sin plomo./… con plomo.
… mit … Oktan.	… de … octanos.
Voll tanken, bitte.	Lleno, por favor.

UNFALL

Hilfe!	¡Ayuda!/¡Socorro!
Achtung!	¡Atención!
Rufen Sie bitte schnell …	Por favor, llame enseguida …
… einen Krankenwagen.	… una ambulancia.
… die Polizei.	… a la policía.
… die Feuerwehr.	… a los bomberos.

Es war meine/Ihre Schuld.	Ha sido por mi/su culpa.
Geben Sie mir bitte Ihren Namen und Ihre Anschrift.	¡Por favor, déme su nombre y dirección!

ESSEN & TRINKEN/EINKAUFEN

Wo gibt es hier …	¿Dónde hay por aquí cerca …
… ein gutes Restaurant?	… un buen restaurante?
… ein nicht zu teures Restaurant?	… un restaurante no demasiado caro?
Auf Ihr Wohl!	¡Salud!
Bezahlen, bitte.	¡La cuenta, por favor!
Reservieren Sie uns bitte für heute Abend einen Tisch für vier Personen.	¡Por favor, resérvenos para esta noche una mesa para cuatro personas!
Die Speisekarte, bitte.	¡El menú, por favor!
Ich nehme …	Quisiera …/Tráigame …
… einen Espresso	… un café solo
… einen Milchkaffee	… un café con leche
… einen Tee	… un té
… mit Zucker/Milch/Zitrone	… con azúcar/leche/limón
… einen (Orangen-)Saft	… un jugo (de naranja)
… ein Bier	… una cerveza
… ein Mineralwasser	… un agua mineral
… mit/ohne Kohlensäure	… con/sin gas
… mit/ohne Eis	… con/sin hielo
… einen Weißwein/einen Rotwein	… un vino blanco/un vino tinto
Frühstück	desayuno
Mittagessen	almuerzo
Abendessen	cena
Fisch	pescado
Fleisch	carne
Geflügel	aves
Salat	ensalada
Suppe	sopa
Dessert	postre
vegetarisch	vegetariano
Messer	cuchillo
Gabel	tenedor
Löffel	cuchara
Wo finde ich …	Por favor, ¿dónde hay …
… eine Apotheke?	… una farmacia?
… eine Bäckerei?	… una panadería?
… ein Lebensmittelgeschäft?	… un almacén?
… den Markt?	… el mercado?

SPRACHFÜHRER

ÜBERNACHTEN

Entschuldigung, können Sie mir bitte … empfehlen?	Perdón, señor/señora/señorita. ¿Podría usted recomendarme …
… ein Hotel …	… un hotel?
… eine Pension …	… una pensión?
Ich habe ein Zimmer reserviert.	He reservado una habitación.
Haben Sie noch …	¿Tienen ustedes …
… ein Einzelzimmer?	… una habitación individual?
… ein Zweibettzimmer?	… una habitación doble?
… mit Dusche/Bad?	… con ducha/baño?
… für eine Nacht?	… para una noche?
… für eine Woche?	… para una semana?
Was kostet das Zimmer mit …	¿Cuánto cuesta la habitación con …
… Frühstück?	… desayuno?
… Halbpension?	… media pensión?

PRAKTISCHE INFORMATIONEN

ARZT

Können Sie mir einen guten Arzt empfehlen?	¿Puede usted recomendarme un buen médico?
Ich habe …	Tengo …
… Durchfall.	… diarrea.
… Fieber.	… fiebre.
… Kopfschmerzen.	… dolor de cabeza.
… Zahnschmerzen.	… dolor de muelas.

BANK

Wo ist hier bitte …	Por favor, ¿dónde hay por aquí …
… eine Bank/… eine Wechselstube?	… un banco?/una oficina de cambio?
Ich möchte … Euro in Pesos wechseln.	Quiero cambiar … euros en pesos.

ZAHLEN

1	un, uno, una	10	diez	20	veinte
2	dos	11	once	21	veintiuno, -a, veintiún
3	tres	12	doce	50	cincuenta
4	cuatro	13	trece	100	cien, ciento
5	cinco	14	catorce	1000	mil
6	seis	15	quince	10 000	diez mil
7	siete	16	dieciséis	1/2	medio
8	ocho	17	diecisiete	1/4	un cuarto
9	nueve	18	dieciocho		
		19	diecinueve		

Halbinsel Baja California

> UNTERWEGS IN MEXIKO

Die Seiteneinteilung für den Reiseatlas finden Sie auf dem hinteren Umschlag dieses Reiseführers

REISE ATLAS

Encinitas
Solana Beach
SAN DIEGO
La Mesa
Cabrillo Nat. Mon.
Chula Vista
El Cajon
Lemon Grove
Ramona
Julian
1986
Descanso
Desert S.P.
Westmorland
Brawley
Glamis
Imperial N.W.R.
Plaster City
El Centro
Yuma
Ligurta
Jacumba
Calexico
Somerton
La Rumorosa
MEXICALI
Tecate
TIJUANA
Rosarito
Cantamar
La Misión
El Testerazo
1829
P.N. Constitución de 1857
Sierra de Juarez
1060
El Faro
Veracruz
SAN LUIS RIO COLORADO
Barry M. Air For
Desierto
Sonora
Guadalupe
Ojos Negros
ENSENADA
Maneadero
Pta. Sto. Tomás
Santo Tomás
1554
Cerro Colorado
1980
Lázaro Cárdenas
El Golfo de Santa Clara
El Chinero
-7h Gr. Time
-8h Gr. Time
Bahía de Adair
P.N. del Gran Desierto del Pinacate
Puerto Peñasco
Colnett
Cabo Colnett
Observatorio de S. Pedro
Parque Nac. Sierra de San Pedro Mártir
3078
Sierra de San Pedro Mártir
San Felipe
Punta Estrella
Golfo
Baja
Colonia Vicente Guerrero
San Martín
San Quintín
Cabo San Quintín
1859
Puertecitos
Bahía Santa Maria
El Rosario
Punta Baja
Misión de S. Fernando
San Agustín
Cataviña
California
Campo Nuevo
739
La Bocana
Campo Calamajue
Punta Canoas
El Crucero
Norte
Parque Nacional del Desierto Central de Baja California
Punta Blanca
San Luis
Sierra de San
Rosarito
4062
200
2000
4000
6225
Bahía de Sebastián Vizcaíno
Tomatán
Isla Cedros
1205
-8h Gr. Time
-7h Gr. Time
Canal de Kellet
Punta Eugenia
Guerrero Negro
Laguna Ojo de Liebre
Peninsula de Vizcaíno
Bahía Tortugas
Santuario Ballenero El Vizcaíno
Sierra Pintada
Pico Lowty
935
P.N. Laguna
Reserva de Biósfera El Vizcaíno
San Roque
Punta San Pablo
Bahía Asunción
Punta Abreo
OCÉANO
PACÍFICO
50 km
731

D
E
F
1
2
3
4
5
6
U. S. A.
Gila Bend
Maricopa
Casa Grande
Florence
Gila River
Winkelman
Ft. Thomas
Guthrie
Sonoran Desert Nat. Mon.
Eloy
Black Mtn.
Pinaleno Mts.
Safford
Mt. Graham
3267
Duncan
1702
Oracle
Mammoth
2298
Oracle Jct.
Biosphere II
Redington
2781
Ironwood F. Nat. Mon.
Tohono
Ajo
Marana
Cabeza Prieta N.W.R.
Why
TUCSON
Willcox
San Simon
Quijotoa
O'Odham
South Tucson
Saguaro Nat. Park
Cochise
Ft. Bowie N. H. S.
Organ Pipe Cactus Nat. Monument
Ajo Mts.
1472
Robles Jn.
Kitt Peak Nat. Observatory
Indian
Pearce
Chiricahua Nat. Mon.
Chiricahua Pk.
2986
Sonoyta
Lukeville
Sells
San Xavier Ind. Res.
Sahuarita
Benson
2342
Reservation
Tombstone
Sonoita
1366
Baboquivari Peak
1487
Buenos Aires N.W.R.
Sasabe
Tubac
Sierra Vista
Tumacacori Nat. Mon.
Coronado Nat. Mon.
Bisbee
Pedro
Nogales
Douglas
2885
Paul Spur
Agua Prieta
Altar
NOGALES
(1120)
Saric
1667
Cibuta
2039
Fronteras
Cananea
Caborca
Rio Altar
Rio de la Asunción
Magdalena de Kino
Imuris
San Miguelito
R. Magdalena
Santa Ana
Presa de la Angostura
Arizpe
R. Sonora
Nacozari de García
R. Bavispe
Bahía de Tepoca
Benjamin Hill
Meresichic
Sierra de S. Antonio
Cumpas
Villa Hidalgo
Puerto Libertad
Huasabas
Baviácora
Moctezuma
Carretera Interamericana
Carbó
El Oasis
Rayón
Divisaderos
Mazocahui
Ures
Cabo Tepoca
Bahía Sargento
Pico de Johnson
1063
San Pedro de la Cueva
Parque Natural Isla Angel de la Guarda
HERMOSILLO
(237)
Rio Sonora
Presa Plutarco Elías Calles
R. Papigochic
Sahuaripa
Laguna Playa Noriega
Isla Tiburón
1218
Punta Colorado
Bahía Kino
San Pedro
Villa de Sari
Mazatán
Bacanora
Llanura
San José de Dimas
Isla S. Lorenzo
Isla S. Esteban
Cerro Otatal
1194
Tonichi
Canal de Salsipuedes
Cholay
Isla San Pedro Mártir
Punta Baja
Emiliano Zapata
La Dura
Río Yaqui
San Francisquito
Sahuaral
Ortiz
San Nicolás
Presa Alvaro Obregón
Nurí
Punta San Carlos
Isla San Pedro Nolasco
Guaymas
Empalme
Bahía San Carlos
Cabo Haro
Rosario
Cedros
Sierra de San Francisco
Bahía Santa Ana
1300
Esperanza
Volcán de las Tres Virgenes
1996
Boca del Yaqui
Isla Tortuga
San José
CIUDAD OBREGÓN
Santa Rosalía
Isla Lobos
Yaqui
Fundición
R. Mayo
San Ignacio
1586
I. San Marcos
Huivulai
Isla Siari
Bacobampo
Navojoa
Sierra de Santa Lucia
Bahía Santa Inés
Punta Concepción
Etchojoa
Huatabampo
Sanctuario Ballenaro El Vizcaíno
Mulegé
742
Punta Santa Teresa
Etchoropo
Punta Santa Lugarda
Yávaros
Bahía de Agiabampo
Rosarito
Baja California Sur
Loreto
1902
La Purisima
1776
Co. Giganta
El Anuajito
Sonora
Golfo de California
157
160

160

Guthrie
Buckhorn
Cliff
Gila River Canyon
Silver City
Central
3051
Las Palomas
Hillsboro
San Lorenzo
Caballo Res.
Caballo
Arrey
White Sands Space Harbor
Alamogordo
Tularosa
Sacramento Mts.
Mayhill
Duncan
Tyrone
2455
Bayard
Hatch
Rincon
Radium Springs
White Sands Nat. Mon.
Pinon
San Simon
Lordsburg
Rio Grande
Orogrande
Las Cruces
University Park
Ft. Bliss Military Res.
1829
Separ
Deming
Akela
2225
San Antonio Mtn.
3036
Animas
Chiricahua Pk.
2986
Rodeo
Big Hatchet Mts.
Anthony
Newman
Columbus
Hueco
CIUDAD JUÁREZ
(1150)
EL PASO
Animas Pk.
2601
Zaragoza
Clint
Fabens
Laguna de Guzmán
Samalayuca
Guadalupe de Bravo
Ft. Hancock
Nogales
Guzmán
Laguna El Barreal
El Porvenir
Sierra
Fort Quitman Ruins
Ascensión
Janos
Banderas
San Miguelito
Lucero
Presa de la Angostura
2492
Laguna de Santa María
El Carrizal
Villa Ahumada
Casas Grandes
Nuevo Casas Grandes
Carretera Interamericana
Sierra del Huesco
Bacerac
Juárez
Villa Hidalgo
Mata Ortiz
Galeana
Moctezuma
R. Flores Magón
Huasabas
Buenaventura
El Sueco
Ojo de Carrizo
Nacori Chico
Zaragoza
Arados
Las Varas
Gómez Farías
3040
Laguna El Cuervo
El Pastor
Namiquipa
Benito Juárez
Madera
Sahuaripa
Oscar Soto Máynes
El Saúz
El Morrión
Aldama
P.N. Cumbres de Majalca
Matachic
Bachiniva
Cumbres de Majalca
Sierra Tarahumara
Sto. Tomás
CHIHUAHUA
(1420)
S.Antonio El Grande
La Junta
Anáhuac
Bachimba
Yécora
San Nicolás
Tomochic
Cuauhtémoc
General Trias
Meoqui
Basaseachic
Basaseachi Falls
Lag. Los Mexicanos
Presa Francisco I.Madero
El Rebalse
1914
Uruachic
San Juanito
S. Francisco de Borja
Tutuaca
Naica
Creel
(2356)
Bocoyna
Ciudad Camargo
2420
El Divisadero
2591
Valerio
Presa de la Boquilla
Parque Natural Barranca del Cobre
Bahuichivo
Nonoava
Valle de Zaragoza
Samachique
Témoris
Valle del Rosario
Presa Macúzari
Rechéachic
San Pablo Balleza
Hidalgo del Parral
Alamos
Batopilas
Guachochic
S. Francisco del Oro
Valle de Allende
Presa Josefa Ortiz de Domínguez
Choix
Presa Miguel Hidalgo
Sta. Bárbara
3315
-7h Gr. Time
-6h Gr. Time
Villa de Orestes
El Fuerte
El Vergel
Villa Ocampo
Las Nieves
San José de Gracia
San Blas
Mayo
Sinaloa
3150
Guanaceví
Santa María del Oro
Sierra Madre
Chihuahua

161

D
E
F
1
2
3
4
5
6
Artesia
Lovington
1364
Wellman
Lamesa
Gail
Synder
163
Lakewood
Lake Mc Millan
Maljamar
Hobbs
Seminole
Cedar Lake
Carlsbad
Eunice
Andrews
Patricia
199
Big Spring
Lake J. B. Thomas
Colorado City
Carlsbad Caverns Nat. Park
Malaga
-7h Gr. Time
Jal
Stanton
866
Midland
-6h Gr. Time
Red Bluff Lake
Kermit
Odessa
(882)
Sterling City
Guadalupe Mts. Nat. Park
Orla
Pyote
Monahans
Crane
Carlsbad
Pecos
Pecos River
King Mtn.
Big Lake
Mertzon
832
Toyah
Rankin
Barnhart
Kent
Verhalen
McCamey
Edwards
Boracho Pk.
1725
Balmorhea
Ft. Stockton
Iraan
Ft. Lancaster S.H.S.
Ozona
Eldorado
Mount Livermore
2555
Davis Mts.
Stockton
Sheffield
399
Caverns of Sonora
Valentine
Fort Davis
Ft. Davis N.H.S.
Tank
Plateau
Marfa
Alpine
Cathedral Mtn.
2091
Marathon
Sanderson
Dryden
Pecos Riv.
Juno
185
Loma Alta
Ruidosa
Chinati Pk.
2353
Santiago Mts.
Tinaja Mts.
Langtry
607
Shafter
1988
International Amistad Res.
Presidio
Ft. Leaton S.H.S.
Ojinaga
Serranías del Burro
Comstock
Presa la Amistad
Chupadero de Caballo
Big Bend Nat. Park
Emory Pk.
2389
Lajitas
Boquillas
P.N. Balneario de los Novillos
Ciudad Acuña
Del Rio
Potrero del Llano
Area Protegida
Picacho del Centinela
2896
Morelos
Santa Eulalia
Jiménez
Manuel Benavides
Boquillas del Carmen
1996
San Carlos
183
Cañon Santa Elena
Maderos del Carmen
Los Picos
El Milagro
Piedritas
Alamos de Márquez
El Remolino
El Tule
Llanos de los Caballos Mesteños
La Morita
La Babia
Zaragoza
Morelos
Allende
Perla
133
Villa Unión
2660
Acebuches
Bolsón de Mapimí
El Guaje
San Juan de Sabinas
Nueva Rosita
El Revés
Sabinas
Sta. Elena
Melchor Múzquiz
Palau
Cenzontle
Coahuila
Sierra
Minas de Barroteran
Progreso
Maravillas
San Blas
La Leche
Sierra Mojada
Ocampo
Los Rodríguez
Primero de Mayo
122
planicie
Lag. del Rey
La Víbora
2772
San Buenaventura
Guimbaleta
Laguna del Rey
Cuatrociénegas de Carranza
Sacramento
MONCLOVA
Castaños
Rellano
Escalón
Lag. de Palomas
La Soledad
Tanque Nuevo
Gloria
Ceballos
269
50 km
Baján
xicana
193
201
186
188
187
Hidalgo
Tlahualillo de Zaragoza
R. Pesquería
San Francisco de Horizonte
Desierto de Mayran
162
Bermejillo

A
B
C
1
2
3
4
5
6
157
HERMOSILLO
(237)
Sargento
Johnson
1063
Isla
1218
Tiburón
Bahía Kino
Bahía Kino
San Pedro
Villa de Sari
Mazatán
Presa Plutarco Elías Calles
Sahuaripa
Bacanora
Isla S. Esteban
Isla S. Lorenzo
Isla San Pedro Mátir
Punta Baja
Emiliano Zapata
Cholay
Sahuaral
Cerro Otatal
1194
San José de Dimas
Tonichi
La Dura
Yécora
San Nicolás
Río Yaqui
Ortiz
-7h Gr. Time
-8h Gr. Time
263
Punta San Carlos
Bahía San Carlos
Isla San Pedro Nolasco
Guaymas
Cabo Haro
Empalme
Presa Alvaro Obregón
Nurí
Rosario
Cedros
Bahía Santa Ana
Volcán de las Tres Vírgenes
1996
1300
Boca del Yaqui
Esperanza
CIUDAD OBREGÓN
San José
Yaqui
Fundición
Isla Tortuga
Santa Rosalía
Isla Lobos
I. San Marcos
R. Mayo
Presa Macuzari
Sierra de Santa Lucía
1586
Huivulai
Isla Siari
Navojoa
222
Bahía Santa Inés
Punta Concepción
Bacobampo
Etchojoa
Huatabampo
Etchoropo
Mulegé
742
Punta Santa Teresa
Punta Santa Lugarda
Yávaros
Josefa Ortiz de Domínguez
344
Baja
Rosarito
Bahía de Agiabampo
Estacione Don
1902
La Purísima
Co. Giganta
1776
Loreto
Loreto
Isla El Carmen
California
San Javier
Nopoló
Puerto Escondido
El Anuajito
R. Mayo Fuerte
Ahome
Ej. Pancho Villa
LOS MOCHIS
Topolobampo
Isla Santa Catalina
Isla Monserat
Santo Domingo
Sur
Villa Insurgentes
Santa Cruz
Isla de San Ignacio
Puerto Adolfo López Mateos
Ciudad Constitución
Sierra de la Giganta
Isla San José
Isla Magdalena
San Carlos
Bahía Magdalena
El Refugio
El Ciruelo
1524
Pta. Cabeza Mechuda
Guadalupe Caracol
Puerto Magdalena
Santa Rita
Bahía Coyote
3292
Isla Espíritu Santo
Isla Santa Margarita
209
San Juan de la Costa
Bahía La Paz
Pichilingüe
Pta. Norte
Isla Cerralvo
18
LA PAZ
1250
El Conejo
El Centenario
27
San Juan de los Planes
San Pedro
San Antonio
Los Inocentes
Picacho de la Laguna
2164
189
Los Barriles
3238
Santiago
Cabo Pulmo
Todos Santos
132
Tropic of Cancer Monument
OCÉANO PACÍFICO
Sta. Rosa
La Fortuna
San José del Cabo
Cabo San Lucas
Cabo San Lucas
50 km
2499

D
E
F
158
1
2
3
4
5
6
Madera
Farías
3040
Namiquipa
Benito Juárez
El Cuervo
El Pastor
San Pedro
Potrero del Llano
Manuel
Oscar Soto Maynes
Matachic
Báchiniva
P.N. Cumbres de Majalca
Cumbres de Majalca
El Saúz
El Morrión
Aldama
Presa Luis L.León
Sierra Tarahumara
Sto. Tomás
CHIHUAHUA
(1420)
S.Antonio El Grande
Charco de la Peña
La Morita
La Junta
Anáhuac
Bachimba
Cuauhtémoc
La Perla
Tomochic
General Trías
Meoqui
Rosetilla
Delicias
Basaseachic
Basaseachi Falls
Lag. Los Mexicanos
Presa Francisco I.Madero
El Rebalse
Saucillo
San Juanito
S. Francisco de Borja
Tutuaca
Naica
Uruachic
Bocoyna
Creel
(2356)
Ciudad Camargo
2420
El Divisadero
2591
Valerio
Presa de la Boquilla
Parque Natural Barranca del Cobre
Nonoava
Valle de Zaragoza
La Boquilla del Conchos
2058
Maravillas
Valle del Rosario
Búfala
Samachique
Jiménez
(1381)
Rechéachic
San Pablo Balleza
Hidalgo del Parral
Batopilas
Sierra Madre Occidental
Guachochic
S. Francisco del Oro
Valle de Allende
Villa Coronado
Rellano
Escalón
Choix
Sta. Bárbara
Guadalupe de Bahues
3315
Villa de Orestes
R. Florida
Villa Ocampo
Las Nieves
172
El Vergel
San José de Gracia
Villa Hidalgo
Guadalupe y Calvo
3150
Santa María del Oro
Indé
San Rafael
Guanaceví
Sinaloa de Leyva
Bajíos de Agua Blanca
Zape
R. del Oro
Santiago de Los Caballeros
El Palmito
El Casco
Guamúchil
Mocorito
209
Peras-2
2229
Tepehuanes
Abasolo
Baturi
Presa A.L. Mateos
Topía
2622
Las Herreras
R. de Ramos
Santiago Papasquiaro
Pericos
El Varejonal
La Templadera del Derrumbe
Durango
Isla Altamura
Estero del Tule
CULIACÁN
La Soledad
Laguna Guatimape
Canatlán
Navolato
La Alameda
General Arnulfo
Altata
Comedero
Huajuapan
Rayo
2696
R. Gómez
Los Puentes
Tabala
Península Lucenilla
Quila
El Dorado
222
Cositaca
Presa Aurelio Benassini
Tayoltita
(1924)
DURANGO
Península Quevedo
La Cruz
Elota
San Ignacio
2778
319
El Salto
Nombre de Dios
211
Coyotitán
Pta. Piaxtla
Ciudad
Regocijo
2621
Mezquital
P. N. del Puerto de los Angeles
La Nona
Tepuxtla
Concordia
Tajicaringa
Río Mezquital
MAZATLÁN
Villa Unión
El Wálamo
El Rosario
Laguna El Caimanero
Caimanero
Escuinapa de Hidalgo
2073
1680
Teacapan
Acaponeta
164
Novillero
Nayar
La Palma
2000

Chihuahua
Coahuila
Zacatecas
Bolsón de Mapimí
Altiplanicie Mexicana
Sierra
Desierto de Mayran
Llanos de los Caballos Mesteños
Cañon Santa Elena
Big Bend Nat.Park
Area Protegida Picacho del Centinela
Maderos del Carmen
P.N. Balneario de los Novillos
Lag. del Rey
Lag. de Palomas
La Leche
Laguna Guatimape
R. San Juan
R. Pesquería
Río Mezquital
Puerto Ángeles
Minas de Plata
San Pedro
Potrero del Llano
Manuel
Lajitas
Boquillas
Boquillas del Carmen
Morelos
Los Picos
Ciudad Acuña
Santa Eulalia
San Carlos
Piedritas
El Milagro
Alamos de Márquez
Charco de la Peña
La Morita
La Perla
El Remolino
El Tule
Zaragoza
La Babia
Acebuches
El Guaje
El Revés
Sta. Elena
San Juan de Sabinas
Melchor Múzquiz
Palau
Cenzontle
Minas de Barroteran
San Blas
Maravillas
Sierra Mojada
Ocampo
Los Rodríguez
Primero de Mayo
Jiménez
Guimbaleta
Laguna del Rey
La Víbora
San Buenaventura
Cuatrociénegas de Carranza
Sacramento
MONCLOVA
Castaños
La Soledad
Rellano
Escalón
Ceballos
Tanque Nuevo
Gloria
Baján
Villa Hidalgo
Tlahualillo de Zaragoza
San Francisco de Horizonte
San Rafael
Bermejillo
Francisco I. Madero
San Pedro de las Colonias
Frausto
Hipólito
El Palmito
El Casco
GÓMEZ PALACIO
Ciudad Lerdo
San Luis del Cordero
Peras-2
Entronque La Cuchilla
Paila
Matamoros
TORREÓN
Emiliano Zapata
Ramos Arizpe
General Cepeda
SALTILLO
Abasolo
Paso Nacional
Viesca
Parras de la Fuente
Jimulco
Bajío de Ahuichila
Agua Nueva
Pedriceña
Peñón Blanco
Cuencamé
Est. Simón
San Juan del Río Guadalupe
Canatlán
Cedros
General Simón Bolívar
San Juan de Guadalupe
Concepción del Oro
El Salvador
Victoria
Est.Camacho
Francisco I. Madero
Juan Aldama
Miguel Auza
Norias
San Felipe Nuevo Mercurio
Hidalgo
DURANGO
Tuitán
La Ochoa
General Francisco Murguía
S. Tiburcio
Nombre de Dios
Villa Unión
Flores García
Río Grande
Vicente Guerrero
Súchil
Sombrerete
Est. Cañitas de Felipe Pescador
Mezquital
Jiménez de Teul
La Chicharrona
Villa de Cos
El Rucio
Santo Domingo
Tajicaringa
Plateros
Illescas
El Barril
Fresnillo de González Echeverría
Herradura
Victor Rosales
ZACATECAS
Potrero de Gallegos
Valparaíso
Tronconso
Guadalupe
Salinas de Hidalgo
Jerez de García Salinas
Ojo Caliente
Espíritu Santo
Huejuquilla El Alto
Huejúcar
Luis Moya
Ahualulco
Nayar
Monte
Loreto
Pinos
La Ardilla
Est. Pabellón
A
B
C
1
2
3
4
5
6
159
164
MEX 45
MEX 49
MEX 30
MEX 40
MEX 57
MEX 53
MEX 54
PAN AM
2389
2896
1996
2660
2058
(1381)
2772
2888
3137
(1600)
2229
(1924)
2621
3078
2911
2754
2728
2753
(2495)
3003
3353
133
122
269
188
201
193
172
120
41
50
19
207
70
85
265
144
192
212
365
72
195

SAN ANTONIO
Hondo
Natalia
Yoakum
El Campo
Louise
Cline
Knippa
Uvalde
Spofford
Stockdale
Floresville
Cuero
Edna
Poteet
La Pryor
Batesville
Moore
Jourdanton
Pleasanton
Normandy
Pearsall
Karnes City
Kenedy
Victoria
Charlotte
Goliad
Point Comfort
Eagle Pass
Nueces
Dilley
Choke Canyon L.
Crystal City
Three Rivers
Port Lavaca
Carrizo Springs
Cotulla
Fowlerton
Tilden
Beeville
Tivoli
Plains
George West
San Antonio Bay
Catarina
Mathis
Woodsboro
Aransas N.
Rio Grande
R. Bravo del Norte
Encinal
Lake Corpus Christi
Sinton
Rockport
San Jose Island
Texas
U.S.A.
Freer
Portland
Aransas Pass
Robstown
CORPUS CHRISTI
Colombia
San Diego
Alice
Mustang I.
Corpus Christi Bay
Don Martin
NUEVO LAREDO
Laredo
Oilton
Bishop
Kingsville
Padre Island
Riviera
Baffin Bay
Hebbronville
Anáhuac
Falfurrias
Padre Island National Seashore
Lampazos de Naranjo
Randado
Encino
Estación Candela
La Gloria
Laguna Madre
Carretera Interamericana
Zapata
Agua Nueva
Rachal
Int. Falcon Res.
Guerrero
Sabinas Hidalgo
Vallecillos
Presa Falcon
Nueva Cd. Guerrero
Roma
Parás
Edinburg
Edcouch
Laguna At. N.W.R.
Mier
General Treviño
Camargo
McAllen
Pharr
Harlingen
San Benito
Salinas Victoria
Valadeces
Weslaco
Port Isabel
Nuevo
Cerralvo
Los Aldamas
REYNOSA
Mercedes
Pt. Isabel Lighthouse S. H. S.
Marín
Dr. González
Los Herreras
BROWNSVILLE
S. NICOLAS D.L.G.
Apodaca
Rio Bravo
Playa Lauro Villar
Los Ramones
General Bravo
Dieciocho de Marzo
MATAMOROS
MONTERREY
China
Valle Hermoso
GUADALUPE
Cadereyta
Parque Nacional de Monterrey
F.G. Villarreal
Santiago
S.Antonio d.l. Alazanes
General Terán
Santa Teresa
Mezquital
Las Tablas
Allende
Montemorelos
Guadalupe Victoria
Boca Sta. María
León
Méndez
San Fernando
Galeana
LINARES
Llanura
Cruilas
Iturbide
La Carbonera
Roberto
San José de Raíces
Rastro
San Carlos
Villa Mainero
La Coma
Laguna Madre
El Encinal
El Temascal
La Ascensión
Golfo de México
Santander Jiménez
Hidalgo
Tamaulipas
La Escondida
Nuevo Padilla
Abasolo
Oriental
El Barretal
General Ignacio Zaragoza
Presa Vicente Guerrero
Cruz de Elorza
Co. Peña Nevada
Soto la Marina
La Pesca
CD. VICTORIA
Casas
Doctor Arroyo
Miquihuana
Mier y Noriega
Bustamante
Jaumave
Agua Nueva
Palmillas
Llera de Canales
La Ventana
Gómez Farías
Calles
La Cruz
Costa
Tula
Ocampo
Xicoténcatl
González
Aldama
Pozas de Santa Ana
Cd. Mante
Manuel
Guadalcázar
El Salto
Las Brujas
Los Aztecas
Laguna de San Andrés
Antiguo Morelos
Cerritos
Ciudad del Maíz
Altamira
Villa Juárez
Est. Las Tablas
CD. MADERO
50 km

166

MAZATLÁN
La Paz
161
Concordia
El Rosario
Escuinapa de Hidalgo
Acaponeta
Tecuala
Rosamorada
Tuxpan
Santiago Ixcuintla
San Blas
TEPIC
Compostela
Las Varas
Punta Mita
Bahía de Banderas
PUERTO VALLARTA
Cabo Corrientes
El Tecuan
La Cruz de Loreto
Tomatlán
Chamela
San Patricio Melaque
Barra de Navidad
Manzanillo
Armería
Tecoman
COLIMA
ZAPOPAN
TLAQUEPAQUE
Ameca
Mascota
Autlán de Navarro
Ixtlán del Río
Islas Marías
I. María Madre
I. María Magdalena
I. María Cleofas
I. San Juanito
Parque Nac. Isla Isabel
-7h Gr. Time
-6h Gr. Time
Middle America
OCÉANO PACÍFICO
50 km

D
E
F
163
San Luis Potosí
Aguascalientes
Jalisco
Guanajuato
Querétaro
Hidalgo
México
Michoacán
Guerrero
Villa de Cos
El Rucio
Santo Domingo
El Reventon
Charcas
La Ventana
Jaumave
Palmillas
Gómez Farías
Tula
Ocampo
Cd. Mante
La Chicharrona
Plateros
Illescas
El Barril
Herradura
Víctor Rosales
Minas de Plata
Troncoso
Guadalupe
Salinas de Hidalgo
Moctezuma
Pozas de Santa Ana
Guadalcázar
El Salto
Espíritu Santo
Ojo Caliente
Chicomoztoc
Villanueva
Luis Moya
Ahualulco
Cerritos
Villa Juárez
Est. Las Tablas
Ciudad del Maíz
San Nicolás Tolentino
Co. La Ardilla
Rincos de Romos
Est. Pabellones
Loreto
Pinos
SAN LUIS POTOSÍ
Soledad Diez Gutiérrez
Alaquines
Cárdenas
Viudas de Oriente
AGUASCALIENTES
La Pila
Zaragoza
Río Verde
Rayón
CIUDAD VALLES
Chinampas
Villa de Reyes
Santa María del Río
P.N. Gogorrón
Calvillo
Ojuelos de Jalisco
Matanzas
Pedro Montoya
Tancuime
Va. Hidalgo
Encarnacion de Díaz
San Diego de la Unión
Teocaltiche
San Felipe
Alfredo M.
Ahuacatlan
San Juan de los Lagos
Lagos de Moreno
DOLORES HIDALGO
San Luiz de la Paz
Jalpan
TAMAZU
LEÓN
Jalostotitlan
Dr. Mora
Co. Pingüicas
GUANAJUATO
San José Iturbide
Valle de Guadalupe
San Francisco del Rincón
Duarte
Silao
Romita
S. MIGUEL de Allende
Tolimán
Jacala
San Joaquín
Tepatitlán
Arandas
IRAPUATO
Comonfort
QUERÉTARO
Zimapán
Ezequiel Montes
ALAJARA
Atotonilco el Alto
Cueramaro
Villagrán
Tototlán
Degollado
SALAMANCA
Cortázar
CELAYA
S. Juan del Río
Huichapan
Ocotlán
Yurécuaro
Pénjamo
Valle de Santiago
Tarimoro
Huimilpan
Mixquiahuala
La Barca
Villa Hermosa
La Piedad de Cavadas
Est. La Calle
Yuriria
Salvatierra
Uriangato
Santiago Maravatío
Jerecuaro
Amealco
Calpulalpan
Tula de Allende
Sahuayo
Patzimaro
ZAMORA
Puruándiro
Sta. Ana Maya
Acámbaro
Jiquilpan
Jacona
Purepero
Huaniqueo
Huantacareo
Maravatío
Tepeji d.R.
Tizayuca
Carapán
Zacapu
Zinapécuaro
Atlacomulco
Zumpango
Cotija de la Paz
Cheran
Quiroga
Querendaro
Cd. Hidalgo
Cuautitlán
Los Reyes Salgado
Nahuatzen
MORELIA
Angangueo
Cd. López Mateos
Peribán de Ramos
Vol. Paricutin
Ziracuaretiro
Pátzcuaro
San Antonio Villalongín
P.N. Bosencheve
MÉXICO
P.N. Tancitaro
Co. Tancitaro
Opopeo
Heroica Zitácuaro
URUAPAN DEL PROGRESO
Tecámbaro de Collados
TOLUCA
S. Mateo Matengo
Paracuaro
Sta. Casilda
Valle de Bravo
Buenavista Tomatlán
Gabriel Zamora
Tingambato
Temascaltepec
Tenancingo
Apatzingán de la Constitución
Uspero
Nva. Italia de Ruíz
Puruarán
P.N. Nev. de Toluca
Malinalco
Gambara
La Huacana
Curácuaro de Morelos
Tiquicheo
Tejupilco de Hidalgo
CUERNAVACA
Ixtapan d.l.Sal
Xochicalco
Aguililla
P.N. Nanchititla
Zacualpan
Huetamo de Nuñez
Cutzamala de Pinzón
TAXCO
Puente de Ixtla
Jojutla
Cañas
Presa del Infiernillo
Cantador
Tumoiscatio del Ruíz
Ziraándaro
Cd. Altamirano
Tlalchapa
Telo-loapan
Iguala de la Independencia
Arteaga
Infiernillo
Coahuayutla
Arcelia
Tepecoacuilco
Co. El Billete
Apaxtla de Castrejón
Balsas
Playa Azul
Lázaro Cárdenas
La Union
Sierra Madre del Sur
Bahía de Petucalco
Zumpango del Río
Ixtapa
Zihuatanejo
Petatlán
P. N. d. Est. d. Guerrero
Tixtla de Guerrero
Chilpancingo de los Bravos
Petaquillas
Co. Teotepec
El Ocotito
Trench
Tecpan de Galeana
Atoyac de Alvarez
San Luis San Pedro
Tierra Colorada
Laguna Mitla
Coyuca de Benitez
P.N. El Veladero
San Marcos
La Sabana
ACAPULCO DE JUÁREZ
Tres Palos
La. San Marcos
Puntarenas

A
B
C
163
1
2
3
4
5
6
Cerritos
Villa Juárez
San Nicolás Tolentino
Soledad Díez Gutiérrez
Zaragoza
Santa María del Río
P.N. Gogorrón
Río Verde
Ciudad del Maíz
Alaquines
Cárdenas
Rayón
Pedro Montoya
Antiguo Morelos
CIUDAD VALLES
Tamuín
Tancuime
Ébano
La Chila
Los Aztecas
Cuauhtémoc
Altamira
CD. MADERO
TAMPICO
La. Pueblo Viejo
Canoas
Pánuco
San Vicente
Tempoal de Sánchez
Ozuluama
La Laja
Isla El Torro
Cabo Rojo
Islas de L
Isla del Idolo
San Luiz de la Paz
Jalpan
Tancuayalab
Alfredo M.Terrazas
San Martín Chalchicuautla
Ahuacatlan
Xilitla
TAMAZUNCHALE
Tantoyuca
Naranjos
Tamiahua
Tepetzintla
Platón Sánchez
Huejutla de Reyes
Huautla
Arrecife
Dr. Mora
Co. Pingüicas
San José Iturbide
Tolimán
S.MIGUEL de Allende
QUERÉTARO
San Joaquín
Jacala
P.N. Los Mármoles
Tlahuiltepa
Chicontepec de Tejeda
Álamo
Barra de Tu
Tuxpan de
Canalí
Zimapán
Ezequiel Montes
Hidalgo
Zacualtipán
Tihuatlán
Villa de Caz
POZA RICA
CELAYA
Tarimoro
Huimilpan
S. Juan del Río
Huichapan
Mixquiahuala
Ixmiquilpan
Metztitlán
Huayacocotla
Actopan
Atotonilco El Grande
Huehuetla
Tlacuilotepec
El Tajín
Papantla de Olarte
Salvatierra
Jerécuaro
Amealco
Calpulalpan
Ajacuba
Metepec
Xicotepec d.J.
Acámbaro
Maravatío
Tula de Allende
PACHUCA DE SOTO
Tulancingo
Ahuacatlán
Cuetzalán
Tlapacoyan
Zinapécuaro
Cd.Hidalgo
Tepeji d.R.
Atlacomulco
Tizayuca
Zumpango
TLALNEPANTLA
Cd. Sahagún
Co. Peñón del Rosario
Zacatlán
Ixtlahuaca
Teziutlán
Altotonga
Angangueo
Cd.López Mat.
Cuautitlán
Teotihuacán
Ecatepec
Texcoco
Apan
Tlaxcala
Atotonilco
Zaragoza
Perote
Banderilla
P.N. Bosencheve
MÉXICO
NEZAHUALCÓYOTL
Terrenate
Huamantla
Coatepe
Heroica Zitácuaro
TOLUCA
Tlaxcala
Zacatepec
Valle de Bravo
S.Mateo Matengo
Tláhuac
Huejotzingo
Vol.La Malinche
S.Salvador el Seco
P.N. Pico de Orizaba
Tingambato
Temascaltepec
Xochimilco
Distr. Federal
PUEBLA
Vic.Guerrero
Amozoc
Pico de Orizaba
Tenancingo
México
P.N. Nev. de Toluca
Malinalco
Monasterios
Cholula
Fortín
Tejupilco d. Hidalgo
CUERNAVACA
Vol. Popocatep.
Atlixco
Tepeaca
Tecamachalco
Cd.Serdán
Nogales
Ixtapan d.l.Sal
Xochicalco
Cuautla d.M.
Atempan
Tlacotepec
Acultzingo
P.N. Nanchititla
Zacualpan
Zacatepec
Morelos
P.N. Cañón de Río Blanco
Cutzamala de Pinzón
TAXCO
Puente de Ixtla
Jojutla de J.
Epatlán
Izúcar de Matamoros
Tehuacán
Teloloapan
Atencingo
S. Juan Ixcaquixtla
Ajalpan
Zinacatep
Tlalchapa
Arcelia
Iguala de la Independencia
Chiautla
Tepecoacuilco
R. Nexapa
Apaxtla de Castrejón
Balsas
Atenango del Río
Acatlán de Osorio
Santiago Chazumba
Chila
Teotitlán del Camino
Olinalá
Huamuxtitlán
Mariscal de Juárez
Huajuapan de León
Zumpango del Río
P. N. d. Est. d. Guerrero
Tixtla de Guerrero
P. N. Grutas de Juxtlahuaca
R. Tlapaneco
Santiago Tamazola
San Miguel Tulancingo
Tamazulapán
Asunción Nochixtlán
Sierra Madre del Sur
Chilpancingo de los Bravos
Chilapa
Tlapa del Comonfort
Chilapa de Díaz
Ixtapa
Co. Teotepec
Petaquillas
Colotlipa
Tecpan de Galeana
El Ocotito
R. Azul
Xalpatláhuac
Juxtlahuaca
Tilantongo
Atoyac de Álvarez
Tlacoapa
Tlaxiaco
Co. Piedra de Olla
Tierra Colorada
Monte Alba
Laguna Mitla
P.N. El Veladero
Coyuca de Benítez
San Marcos
Ayutla de los Libres
Rancho Viejo
Santiago Yosondúa
S. Antonio Huitepec
ACAPULCO DE JUÁREZ
La Sabana
San Luis Acatlán
Huixte
La. Tres Palos
La. San Marcos
Cruz Grande
Ometepec
Sta.Ma.Zacatepec
Amoltepec
S. Miguel Sola de Vega
Juchitán
Cuajinicuilapa
Pta. Maldonado
Sierra
Pinotepa Nacional
Stgo. Jamiltepec
Tetmazcaltepec
OCÉANO PACÍFICO
P.N.Laguna de Chacahua
S. José del Progreso
La. de Chacahua
Puntarenas
Pto. Escondido
Pta. Escondida
50 km

D
E
F
1
2
3
4
5
6
Golfo de México
Bahía de Campeche
Golfo de Tehuantepec
Istmo de Tehuantepec
VERACRUZ
BOCA DEL RÍO
Antón Lizardo
Paso del Toro
Alvarado
Soledad de Doblado
La Tinaja
Tlacotalpan
Lerdo de Tejada
Montepío
Sierra de los Tuxtla
Santiago Tuxtla
Catemaco
Laguna de Catemaco
Tres Zapotes
Acula
Joachín
Tierra Blanca
Cosamaloapan
Temazcal
Tres Valles
Loma Bonita
Garro
Villa Azueta
Juan Bautista Tuxtepec
Isla
Acayucan
COATZACOALCOS
Cosoleacaque
MINATITLÁN
Nanchital
Jáltipan de Morelos
Sayula de Alemán
Villa Juanita
Playa Vicente
Xochiapa
Vasconcelos
Jesús Carranza
Choapan
Palomares
Matías Romero
La Ventosa
U. Hidalgo
Cd. Ixtepec
Juchitán de Zaragoza
S. Dionisio del Mar
La. Superior
La. Inferior
S. Fco. Ixhuatán
Sto. Domingo Tehuantepec
Salina Cruz
San Pedro Huamelula
Sta. Cruz Huatulco
Sta. María Huatulco
San Pedro el Alto
Puerto Angel
Co. León
Sta. Ma. Ecatepec
Magd. Tequisistlán
Presa B. Juárez
Sta. María Zoquitlán
S.C. Yautepec
Miahuatlán
Totolapan
Mitla
Yagul
Tlacolula
Ayutla
OAXACA DE J.
Ixtlán de Juárez
Valle Nacional
Quiahniztlan
Zempoala
José Cardel
Antigua
Barra de Palmas
de Alatorre
Sánchez Magallanes
Agua Dulce
Lag. del Carmen
Tupilco
Sta. Ana
Comalcalco
La Venta
Las Choapas
Francisco Rueda
Cárdenas
Cunduacán
Paraíso
Jalpa de Méndez
Chiltepec
Pta. Frontera
Frontera
Tabasco
Chontalpa
Juárez
Pichucalco
Teapa
Vol. Chichón
Raudales de Malpaso
Presa Netzahualcóyotl
Tecpatán
Rayón
Apitpac
Chicoasén
P.N. Cañon del Sumidero
Soyaló
Ocozocoautla
Zinacantán
Cintalapa de Figueroa
Las Cruces
TUXTLA GUTIERREZ
S. Pedro Tapanatepec
Sta. Isabel
Villa Flores
Buenavista
Arriaga
Pto. Palomas
Mar Muerto
Paredón
Tonalá
Pto. Arista
Sierra Madre de Chiapas
P.N. El Triunfo
Pijijiapan
La Concordia

A
B
C
1
2
3
4
5
6
Arrecife Sisal
Arrecifes Triángulos
Golfo de México
Isla Cayos Arcas
Bahía de Campeche
Parque Natural Ría Celestún
Sisal
Hunuc
Celestún
Punta Nimún
Maxcanú
La Costa
Becal
Calkiní
Hecelchakán
Tenabó
CAMPECHE
Lerma
Chencoyi
Punta Morro
Hool
Pich
Champotón
Pustunich
Península El Palmar
Pixtun
Sabancuy
Pixoyal
Isla del Carmen
Isla de Aguada
Chicbul
CIUDAD DEL CARMEN
Nuevo Campechito
Pta. Frontera
Frontera
Atasta
Zacatal
Laguna de Términos
Dieciocho de Marzo
Escárcega
Silvituc
Tupilco
Chiltepec
Lag. del Carmen
Paraíso
Comalcalco
Sta. Ana
Jalpa de Mendez
Lag. del Este
El Vapor
El Tigre
Palizada
Jonuta
Candelaria
Cárdenas
Cunduacán
VILLAHERMOSA
Tabasco
Campeche
El Triunfo
Nueva Coahuila
Calakmul
Reserva Biósfera
Ciudad Pemex
Chablé
Balancán de Domínguez
Catazajá
Emiliano Zapata
Tulipán
El Mirador
Chontalpa
Juárez
Jalapa
Palenque
Tenosique de Pino Suárez
L. del Tigre
P. Nac. Laguna del Tigre
Carmelita
Pichucalco
Teapa
Mont. del Norte de Chiapas
Gregorio Méndez
La Palma
Raudales de Malpaso
Vol. Chichón
Agua Azul Cascadas
Misol-Ha Waterfall
Yajalón
Piedras Negras
La Florida
Tecpatán
Rayón
Simojovel de Allende
Tzin
La Mar
El Cayo
Sierra del Lacandón
P.N. Sierra del Lacandon
Apitpac
Chicoasén
Temo
P.N. Cañon del Sumidero
Soyaló
Larrainzar
Cancuc
Ocosingo
Yaxchilán
San Beni
Ocozocoautla
Chamula
Tenejapa
Toniná
Zinacantán
S.Cristóbal de las Casas
Lacanja
TUXTLA GUTIERREZ
Chiapa de Corzo
Altamirano
Lacanja
Bonampak
Altar de Sacrificios
Amantenango del Valle
Acala
El Planchón
Sayaxché
C. Interamericana
Las Rosas
Las Margaritas
El Pabellón
Aguateca
Villa Flores
Venustiano Carranza
Comitán de Domínguez
Pedro Vega
Sierra Madre de Chiapas
Buenavista
Presa Belisario Domínguez
Tonalá
La Concordia
La Trinitaria
Tziscao
Chinkultic
P.N. Lagunas de Montebello
(La Angostura)
San Gregorio
Lagartero
S.Mateo Ixtatán
Chicomuselo
Barillas
Chisec
Pijijiapan
P.N. El Triunfo
Frontera Comalapa
Cd.Cuauhtémoc
La Mesilla
Soloma
Guatemala
Co. Tres Cruces
Sierra de los Cuchumatanes
P.N. Los Cuchumatanes
Cobán
Mapastepec
Motozintla de Mendoza
Acapetagua
Huehuetenango
Zaculeu
Sacapulas
Sta.Cruz Verapaz
La. Tembladoras
P. Nat. Manglar Zaracza
Huixtla
Unión Juárez
Vol. Tacana
V.Tajumulco
Sta.Lucía la Reforma
Sta.Cruz del Quiché
Cubulco
Salamá
Joyabaj
S.Pedro Sacatepéquez
Utatlán
El Carmen
S. Marcos
Sierra de las
Tapachula
Izapa
Totonicapán
Mazatán
V.Sto. Tomás
Sololá
L. de Atitlán
R. Grande
Chimaltenango
Pto. Madero
Pajapita
S.Atitlán
Mixco
50 km

D
E
F
1
2
3
4
5
6
Yucatan Channel
Parque Natural San Felipe
Pta. Holchit
Parque Natural Río Lagartos
Río Lagartos
Isla Holbox
Cabo Catoche
El Cuyo
Chiquilá
I. Contoy
I. Mujeres
Cancún
Pto. Juárez
I. Cancún
Dzilam de Bravo
San Felipe
Pto. Chicxulub
Telchac
Chumul
Motul
Conkal
MÉRIDA
Temax
Xlacah
Panabá
Espita
Tizimín
Buenaventura
Yucatán
Izamal
Cenotillo
Dzitás
Ekbalám
Vicente Guerrero
El Ideal
Hoctún
Itzamna
Kantunil
Tecoh
Mayapan
Valladolid
Chemax
Playa del Carmen
Pta. Molas del Norte
Isla de Cozumel
Cozumel
Cedral
Sotuta
Tekit
Piste
Chichén Itzá
Tekom
Cobá
Yaxcaba
Akumal
Xel-Há
Oxkutzcab
Tekax
Kabah
Labná
de Á. O.
Ichmul
Peto
Tihosuco
Tepich
P.N. de Quintana Roo
Tulum
Pta. Celarain
Tzucacab
Sta. Rosa
Bolonchén
Becanchén
Chumpón
Chamax
Pta. Allen
Laguna Chichancanab
Bahía de la Ascensión
Península
Vigia Chico
Sian Ka'an Reserva de la Biósfera
Chumul
José María Morelos
Iturbide
Polyuc
Felipe Carillo Puerto
Chacmool
Bahía del Espíritu Santo
Pta. Herrero
Pto. Madero
Tixmul
Quintana Roo
Valle Hermoso
Petcacab
de Yucatán
Cafetal
Zohlaguna
Ursulo Galván
Cayo Norte
Bacalar
Majahual
Bahía de Chetumal
Cayo Centro
Banco Chinchorro
Xpujil
CHETUMAL
Kohunlich
Corozal
Sta. Rita
Cayo Lobos
Mar Caribe
Ramonal
Pucté
Tomás Garrido
Orange Walk
Ambergris Cay
Río Azul
La Unión
Balakbal
Agua Azul Falls
El Pósito
P.N. Río Azul
Altun Ha
Lamanai
Hicks Cays
Belize City
Turneffe Islands
Northern Cay
Drowned Cays
Hattieville
Lighthouse Reef
Naranjo
Buena Vista
Nakum
Xunantunich
Belmopan
Long Cay
San Ignacio
Blue Hole N.P.
Southern Long Cays
El Cruce
Yaxha
Cd. Melchor de Mencos
Columbus Cay
Belize Barrier Reef Reserve System
Victoria Peak
Caracol
Dangriga
Tobacco Range
Chiquibul Nat. Park
Maya Mountains
Riversdale
Glovers Reef
Golfo de Honduras
Ixkún
Dolores
Mango Creek
Poptún
Lubaantun
Nim Li Punit
P.N. Marino Barbareta
Isla de Roatán (Hon.)
Roatán
Ranguana Cay
San Antonio
Isla de Utila
Islas de la Bahía (Hon.)
Utila
Cabo de Honduras
Sapodilla Cays
Punta Gorda
Sarstoon & Temash N.P.
Tres Puntas
Bahía de Amatique
Puerto Cortés
Tela
La Ceiba
Trujillo
Modesto Méndez
P.N. Río Dulce
Livingston
El Golfete
Puerto Barrios
Omoa
P.N. Marino
Pta. Sal
Jutiapa
Castillo de San Felipe
Pico Bonito
P.N. Pico Bonito
El Estor
Lago de Izabal
Corinto
SAN PEDRO SULA
Jilamo
Masica
Cordillera Nombre de Dios
Savá
Frenceses
P.N. Cusuco
La Lima
EL PROGRESO
San José
Olanchito
Panzós
Los Amates
Quiriguá
Naco
Canoa
El Negrito
Morazán
Pueblo Viejo
R. Motagua
P.N. Río Motagua Co. Azul
HONDURAS
Sta. Rita
P.N. Pico Pijol
Yoro
Gualán
Nva. Arcadia
Embalse el Cajón
Yorito
M. de Yoro
La Unión
Zacapa
Sta. Bárbara
P.N. Sta. Bárbara
P.N. Montaña de Yoro
S. Francisco de la Paz
Copán
Sta. Rosa de Copán
Manto
Chiquimula
Copán Ruinas
Marale
Salamá
Zacapa
Orica
Juticalpa

KARTENLEGENDE

Autobahn, mehrspurige Straße - in Bau Highway, multilane divided road - under construction		Auto-estrada, estrada com quatro ou mais faixas - em construção Autopista, carretera de más carriles - en construcción
Fernverkehrsstraße - in Bau Trunk road - under construction		Ruta de longa distância - em construção Ruta de larga distancia - en construcción
Hauptstraße Principal highway		Estrada regional Carretera principal
Nebenstraße Secondary road		Estrada secundária Carretera secundaria
Fahrweg, Piste Practicable road, track		Estrada, pista Camino vecinal, pista
Straßennummerierung Road numbering	13 BR 230 1	Numeração de estrada Numeración de carreteras
Entfernungen in Kilometer Distances in kilometers	259 130 129	Quilometragem Distancias en kilómetros
Höhe in Meter - Pass Height in meters - Pass	1365	Altura em metros - Desfiladeiro Altura en metros - Puerto de montaña
Eisenbahn - Eisenbahnfähre Railway - Railway ferry		Caminho-de-ferro - Ligação marítima Ferrocarril - Línea marítima
Autofähre - Schifffahrtslinie Car ferry - Shipping route		Batelões para automóveis - Comboios Transportador de automóviles - Ferrocarriles
Wichtiger internationaler Flughafen - Flughafen Major international airport - Airport		Aeroporto importante internacional - Aeroporto Aeropuerto importante internacional - Aeropuerto
Internationale Grenze - Provinzgrenze International boundary - Province boundary		Fronteira nacional - Limite ou de província Frontera nacional - Frontera provincial
Unbestimmte Grenze Undefined boundary		Incerta fronteira Frontera indeterminada
Zeitzonengrenze Time zone boundary	-4h Greenwich Time -3h Greenwich Time	Limite de zona de fuso de tempo Límite del huso horario
Hauptstadt eines souveränen Staates National capital	**BOGOTÁ**	Capital de país soberano Capital de un estado soberano
Hauptstadt eines Bundesstaates Federal capital	**Boa Vista**	Capital de estado Capital de estado
Sperrgebiet Restricted area		Área proibida Zona prohibida
Nationalpark National park		Parque nacional Parque nacional
Antikes Baudenkmal Ancient monument		Construção da antiguidade Yacimiento arqueológico
Sehenswertes Kulturdenkmal Interesting cultural monument	*Uxmal*	Monumento cultural de interesse Monumento cultural de interés
Sehenswertes Naturdenkmal Interesting natural monument	*Agua Azul Cascades*	Monumento natural de interesse Monumento natural de interés
Brunnen Well		Poço Pozo
Ausflüge & Touren Excursions & tours		Excursões & voltas Excursiones & rutas

FÜR IHRE NÄCHSTE REISE

gibt es folgende MARCO POLO Titel:

DEUTSCHLAND
Allgäu
Amrum/Föhr
Bayerischer Wald
Berlin
Bodensee
Chiemgau/Berchtesgadener Land
Dresden/Sächsische Schweiz
Düsseldorf
Eifel
Erzgebirge/Vogtland
Franken
Frankfurt
Hamburg
Harz
Heidelberg
Köln
Lausitz/Spreewald/Zittauer Gebirge
Leipzig
Lüneburger Heide/Wendland
Mark Brandenburg
Mecklenburgische Seenplatte
Mosel
München
Nordseeküste Schleswig-Holstein
Oberbayern
Ostfriesische Inseln
Ostfriesland/Nordseeküste Niedersachsen/Helgoland
Ostseeküste Mecklenburg-Vorpommern
Ostseeküste Schleswig-Holstein
Pfalz
Potsdam
Rheingau/Wiesbaden
Rügen/Hiddensee/Stralsund
Ruhrgebiet
Sauerland
Schwäbische Alb
Schwarzwald
Stuttgart
Sylt
Thüringen
Usedom
Weimar

ÖSTERREICH | SCHWEIZ
Berner Oberland/Bern
Kärnten
Österreich
Salzburger Land
Schweiz
Steiermark
Tessin
Tirol
Wien
Zürich

FRANKREICH
Bretagne
Burgund
Côte d'Azur/Monaco
Elsass
Frankreich
Französische Atlantikküste
Korsika
Languedoc-Roussillon
Loire-Tal
Nizza/Antibes/Cannes/Monaco
Normandie
Paris
Provence

ITALIEN | MALTA
Apulien
Capri
Dolomiten
Elba/Toskanischer Archipel
Emilia-Romagna
Florenz
Gardasee
Golf von Neapel
Ischia
Italien
Italienische Adria
Italien Nord
Italien Süd
Kalabrien
Ligurien/Cinque Terre
Mailand/Lombardei
Malta/Gozo
Oberital. Seen
Piemont/Turin
Rom
Sardinien
Sizilien/Liparische Inseln
Südtirol
Toskana
Umbrien
Venedig
Venetien/Friaul

SPANIEN | PORTUGAL
Algarve
Andalusien
Barcelona
Baskenland/Bilbao
Costa Blanca
Costa Brava
Costa del Sol/Granada
Fuerteventura
Gran Canaria
Ibiza/Formentera
Jakobsweg/Spanien
La Gomera/El Hierro
Lanzarote
La Palma
Lissabon
Madeira
Madrid
Mallorca
Menorca
Portugal
Sevilla
Spanien
Teneriffa

NORDEUROPA
Bornholm
Dänemark
Finnland
Island
Kopenhagen
Norwegen
Oslo
Schweden
Stockholm
Südschweden

WESTEUROPA | BENELUX
Amsterdam
Brüssel
Dublin
Edinburgh
England
Flandern
Irland
Kanalinseln
London
Luxemburg
Niederlande
Niederländische Küste
Schottland
Südengland

OSTEUROPA
Baltikum
Budapest
Danzig
Estland
Kaliningrader Gebiet
Krakau
Lettland
Litauen/Kurische Nehrung
Masurische Seen
Moskau
Plattensee
Polen
Polnische Ostseeküste/Danzig
Prag
Riesengebirge
Russland
Slowakei
St. Petersburg
Tallinn
Tschechien
Ukraine
Ungarn
Warschau

SÜDOSTEUROPA
Bulgarien
Bulgarische Schwarzmeerküste
Kroatische Küste/Dalmatien
Kroatische Küste/Istrien/Kvarner
Montenegro
Rumänien
Slowenien

GRIECHENLAND | TÜRKEI | ZYPERN
Athen
Chalkidiki
Griechenland Festland
Griechische Inseln/Ägäis
Istanbul
Korfu
Kos
Kreta
Peloponnes
Rhodos
Samos
Santorin
Türkei
Türkische Südküste
Türkische Westküste
Zakinthos
Zypern

NORDAMERIKA
Alaska
Chicago und die Großen Seen
Florida
Hawaii
Kalifornien
Kanada
Kanada Ost
Kanada West
Las Vegas
Los Angeles
New York
San Francisco
USA
USA Neuengland/Long Island
USA Ost
USA Südstaaten/New Orleans
USA Südwest
USA West
Washington D.C.

MITTEL- UND SÜDAMERIKA
Argentinien
Brasilien
Chile
Costa Rica
Dominikanische Republik
Jamaika
Karibik/Große Antillen
Karibik/Kleine Antillen
Kuba
Mexiko
Peru/Bolivien
Venezuela
Yucatán

AFRIKA | VORDERER ORIENT
Ägypten
Djerba/Südtunesien
Dubai
Israel
Jerusalem
Jordanien
Kapstadt/Wine Lands/Garden Route
Kapverdische Inseln
Kenia
Marokko
Namibia
Qatar/Bahrain/Kuwait
Rotes Meer/Sinai
Südafrika
Tansania, Sansibar
Tunesien
Vereinigte Arabische Emirate

ASIEN
Bali/Lombok
Bangkok
China
Hongkong/Macau
Indien
Indien/Der Süden
Japan
Kambodscha
Ko Samui/Ko Phangan
Krabi/Ko Phi Phi/Ko Lanta
Malaysia
Nepal
Peking
Philippinen
Phuket
Rajasthan
Shanghai
Singapur
Sri Lanka
Thailand
Tokio
Vietnam

INDISCHER OZEAN | PAZIFIK
Australien
Malediven
Mauritius
Neuseeland
Seychellen
Südsee

REGISTER

Im Register sind alle in diesem Reiseführer erwähnten Orte und Ausflugsziele verzeichnet. Halbfette Seitenzahlen verweisen auf den Haupteintrag.

Acapulco **66ff.**, 8, 30, 65, 66, 69, 139, 142
Agua Azul **103**, 102, 133
Ajijic 36
Bahía de Cacaluta 71
Bahía de Chachacual 70
Bahía de Los Ángeles 139
Bahía El Órgano 71
Bahía Maguey 71
Bahía Todos los Santos 131
Bahías de Huatulco 69
Bahuichivo 82
Baja California **86ff.**, **130ff.**, 8, 80, 138, 139, 148, 154
Barra de Navidad 79
Barranca del Cobre **81ff.**, 11, 137
Bonampak **103**, 100
Cabo San Lucas **86ff.**, 88, 132, 139, 148
Campeche **115ff.**, 142
Cancún **117ff.**, 8, 14, 30, 114, 139, 143, 144
Cañón del Sumidero **106**, 128, 133
Casas Grandes 85
Cerocahui 82, 83
Chankanaablagune 120
Chapala 36
Chapalasee 36
Chiapa de Corzo **106**, 132
Chichén Itzá **124**, 9, 118, 125
Chihuahua **84f.**, 81, 83, 88
Cholula **57**, 130
Ciudad Juárez 91, 104
Cobá **127**, 8
Cocoyoc 130
Córdoba 144
Costa Alegre 79
Costa Careyes 79
Cozumel **120f.**, 114, 138, 142, 148
Creel 83, 88, 137
Cuauhtémoc 86
Cuautla 130
Cuernavaca **47**, 40, 130, 144
Cuetzalán del Progreso 57
Dolores 57
El Arco **87**, 86
El Divisadero 83
El Tajín **112**, 108
Ensenada 131
Estero de San José 87
Gruta del Quintero 15
Guadalajara **34ff.**, 16, 174
Guanajuato **37ff.**, 25, 30, 32
Guaymas 132
Guerrero Negro 132
Hacienda Cocoyoc 130
Huatulco **69ff.**, 64, 65
Isla de la Piedra 77
Isla Holbox 15
Isla Ixtapa 75
Isla Mujeres **121ff.**, 14, 118, 138, 143, 148
Ixtaccíhuatl 40, 54, 128
Ixtapa **73ff.**, 65
Jalapa 112
Janitzio 53, 54
Kupferschlucht **81ff.**, 11, 137
La Antigua 111
La Bufadora 131
La Crucesita 69
La Malinche 54
La Paz **90**, 83, 132, 139, 148
La Playita 87
Lago de Chapala 36
Lago de Pátzcuaro 53
Laguna Chankanaab 120
Las Hadas 79
Los Barriles 139
Los Cabos **86ff.**, 80, 132, 138, 139, 148
Los Mochis 81, 82, 83, 148
Manzanillo 79
Mazatlán **75ff.**, 64, 138, 148
Mazunte 72
Mérida **123f.**, 24, 30, 118, 122, 133
Mexcaltitán 77
Mexiko-Stadt **40ff.**, 9, 12, 16, 17, 18, 21, 22, 23, 24, 25, 32, 128, 134, 140, 144, 147, 148, 149
Misol-há 133
Mitla **98**, 93
Monte Albán **98**, 9, 93, 94
Monterrey 16
Morelia **50ff.**, 104
Oaxaca **94ff.**, 17, 25, 31, 40, 92, 142
Ocotlán 130
Ojitos 83
Palancarriff 114, 120
Palenque **99ff.**, 96, 133
Papantla 23
Paquimé 85
Parque Natural de la Ballena Gris 132
Pátzcuaro 54
Pichilingüe 148
Pico de Orizaba **57**, 54, 137
Pie de la Cuesta 69, 139
Playa del Carmen **126f.**, 15, 118, 120, 142
Popocatépetl **47**, 33, 40, 54, 128, 136
Puebla **54ff.**, 17, 26, 30, 31, 56, 129, 130, 137, 144
Puerto Ángel **72**, 69
Puerto Escondido **72**, 139
Puerto Juárez 121
Puerto López Mateos 90
Puerto Vallarta **77ff.**, 64, 65, 76, 138, 148
Punta de Mita 17
Punta la Banda 131
Punta Sam 121
Punta Stern 90
Querétaro **57ff.**, 59, 144
Río Lagartos 15
Riviera Maya **126**, 8, 138, 139, 142
San Blas **77**, 139
San Carlos **90**, 132, 139
San Cristóbal de las Casas **104ff.**, 15, 31, 96, 133
San Francisco de Acatepec 130
San Ignacio 132
San Jacinto Amilpas 142
San José del Cabo **87ff.**, 132
San Juan Chamula 107
San Juan Teotihuacán 49
San Miguel de Allende **59ff.**, 30, 61
San Patricio Melaque 79
San Ysidro 88
Santa Cruz 69
Santa María de Tonantzintla **57**, 130
Santa Rosa 124
Santa Rosalía 132
Santuario de la Mariposa Monarca El Rosario 141
Santuario de Ocotlán 130

Schmetterlingspark El Rosario 141
Taxco **62f.**, 31, 33, 130, 131
Tenejapa 107
Teotihuacán **48**, 32
Tijuana **90f.**, 13, 16, 80, 88, 131
Tlaquepaque **36**, 30, 35
Tlaxcala 129
Toluca 130, 144
Tonalá **36**, 31
Toniná 133
Topolobampo **83**, 148
Tula **49**, 48
Tulum **127**, 6, 8, 118
Tuxtla Gutiérrez 132
Uruapán 30
Uxmal **126**, 118
Veracruz **108ff.**, 24, 113
Villahermosa **112f.**, 133
Xalapa 112
Xcaret **142**, 139
Xel-Há 139, 142f.
Xochimilco **49**, 41, 50
Yagul **99**, 93
Yaxchilán **103**, 100
Zaachila 99
Zacatecas 25
Zacualpán de Amilpas 15
Zihuatanejo **73ff.**, 65
Zinacantán 107
Zipolite 72

> SCHREIBEN SIE UNS

Liebe Leserin, lieber Leser,

wir setzen alles daran, Ihnen möglichst aktuelle Informationen mit auf die Reise zu geben. Dennoch schleichen sich manchmal Fehler ein – trotz gründlicher Recherche unserer Autoren/innen. Sie haben sicherlich Verständnis, dass der Verlag dafür keine Haftung übernehmen kann.

Wir freuen uns aber, wenn Sie uns schreiben.

Senden Sie Ihre Post an die MARCO POLO Redaktion, MAIRDUMONT, Postfach 31 51, 73751 Ostfildern, info@marcopolo.de

IMPRESSUM

Titelbild: Tänzerin in Kostüm, Palmen (Getty Images/The Image Bank: Steve Bly)
Fotos: Cerveza Tijuana (16 u.); Dime (134 M. l.); Explora, ecoturismo y aventura, S.A. de C.V. (15 o.); Demián Flores (17 u.); ©fotolia.com: reinobjektiv (134 M. r.); Getty Images/The Image Bank: Steve Bly (1); A. M. Gross (100); HB Verlag (25, 68, 70, 90): Maeritz (51, 59, 98/99, 154/155); J. Hernández (135 o. l.); Hotel Casa de los Arboles (15 u.); Hotel Condesa df (135 u. r.); Huber: Gräfenhain (64/65), Picture Finders (31), Schmid (9, 26/27); R. Irek: (116); © iStockphoto.com: Coast-to-Coast (135 M. l.), florian (135 M. r.), Francisco Nogueira (134 o. l.), PixHook (134 u. r.), Rakoskerti (16 o.); Jason deCaires Taylor (14 u.); Laif: Gonzalez (U. l., 3 M., 42, 46/47, 48, 52, 54, 56, 60, 72, 110, 112, 131, 143), Hahn (U. M., 13, 95), Heuer (29, 87), Meyer (3 l., 11), Tophoven (119, 126); Look: Greune (3 r., 5, 21, 125), Heeb (2 l., 44, 66, 76, 85, 107, 133); K. Maeritz (6/7, 32/33, 38, 50, 74, 78/79, 94, 97, 105, 108/109); H. Mielke (80/81, 132, 136/137, 138); Mauritius: Höbel (24/25), Raga (37, 41), Thonig (4 r., 102), Torino (86, 120); U. Pröhl (17 o.); Redaktionsbüro Haltner (30, 30/31); Heike Schilling (14 o.); O. Stadler (U. r., 2 r., 8, 22, 28, 114/115, 122); T. Stankiewicz (4 l., 62, 82, 89); Transglobe: List (24); White Star: Friedrichsmeier/Siepmann (34, 61, 92/93, 128/129), Gumm (139, 140/141), Reichelt (18/19); M. Wöbcke (174); ZINCO JAZZ CLUB: OSCAR ESTEVEZ (16 M.)

14., aktualisierte Auflage 2010

Chefredaktion: Michaela Lienemann (Konzept, Chefin vom Dienst), Marion Zorn (Konzept, Textchefin)
Autor: Manfred Wöbcke; Redaktion: Nikolai Michaelis
Programmbetreuung: Silwen Randebrock; Bildredaktion: Gabriele Forst
Szene/24h: wunder media, München
Kartografie Reiseatlas: © MAIRDUMONT, Ostfildern
Innengestaltung: Zum goldenen Hirschen, Hamburg; Titel/S. 1–3: Factor Product, München
Sprachführer: in Zusammenarbeit mit Ernst Klett Sprachen GmbH, Stuttgart, Redaktion PONS Wörterbücher

Printed in Hungary. Gedruckt auf 100% chlorfrei gebleichtem Papier

> UNSER AUTOR

MARCO POLO Insider Manfred Wöbcke im Interview

Manfred Wöbcke lebt im Rheingau und interessiert sich als Reiseschriftsteller besonders für die Mayatempel und -paläste Mexikos.

Wann kamen Sie erstmals nach Mexiko?

In den Achtzigerjahren war ich auf einer langen Reise von Alaska nach Zentralamerika und kam dabei von Arizona in den Norden Mexikos. In Guaymas saß ich dann ein paar Tage mit Montezumas Rache fest – das ist mir später aber nie wieder passiert.

Was reizt Sie an Mexiko?

Alles. Natürlich die Menschen, aber auch die Bauwerke der Maya, sie sind das Schönste, was ich bisher gesehen habe. Und die Paläste, Klöster und Kirchen der spanischen Kolonialmacht gehören ebenfalls zum großen Teil zum Unesco-Welterbe.

Sprechen Sie Spanisch?

¡Claro! Mit dem Schullatein kann man schon mal Spanisch lesen und die Hälfte verstehen. Wer Interesse an Mexiko und Mittelamerika hat, kommt um Spanisch gar nicht herum. Außerdem sprechen die Mexikaner kaum Englisch, und das auch nicht gern. Mit Englisch wird man schnell für einen *gringo* gehalten, einen US-Amerikaner, und das ist überhaupt nicht gut. Ich habe Spanischkurse in Antigua Guatemala, Cuernavaca und San Cristóbal de las Casas besucht.

Sind Sie oft in Mexiko?

Zweimal im Jahr zieht es mich nach Mexiko, allerdings nicht über Weihnachten und zu Ostern. Von Januar bis März bin ich an der karibischen Seite, denn einmal war ich wegen eines Hurrikans im Oktober in großen Schwierigkeiten, und das soll nicht wieder passieren. Oktober und November bin ich im Norden, im Hochland und im Süden unterwegs.

Mögen Sie die mexikanische Küche?

Wir kochen zu Hause häufig mexikanisch. Und unsere *frijoles refritos* sind inzwischen besser als die aus der Dose – allerdings von einem der Stände des Mercado Libertad von Guadalajara immer noch weit entfernt.

Was haben Sie für Hobbys?

Lassen Sie es mich so sagen: Rock and Roll will never die.

Was macht Sie zu einem guten Autor?

Sorgfalt, Umsicht, Zuverlässigkeit – und in Zeichensetzung bin ich unschlagbar. Nein, im Ernst, ich kenne inzwischen den Hintereingang der meisten Pyramiden.

Was machen Sie beruflich?

Ich bin Psychologe und organisiere zudem seit vielen Jahren Studienreisen. Mein Wohnsitz ist im Rheingau.